U0725601

建筑院士访谈录

李道增

1930 年出生于上海。1952 年毕业于清华大学建筑系，留系任教。1956 年晋升讲师。1978 年晋升副教授，任副系主任。1983 年晋升教授，任建筑系主任。1985 年国家首批"建筑设计及理论"博士点博士导师。1988 年任清华大学建筑学院首任院长。曾任国务院学位委员会学科评议组成员，首都建筑艺术委员会副主任。中国建筑学会常务理事、名誉理事。1993 年美国卡纳基·梅伦大学客座教授。1999 年入选中国工程院院士。

20 世纪 80 年代伊始，引进国外前沿学术"环境行为学""模式语言""生态学"等，是我国建筑学教育的先行者，是将人文与科技、戏剧与剧场等不同学科融于剧场建筑设计研究的第一人，为我国首批推动实施国际建筑学学士学位的教育家，实施注册建筑师制度的铺垫者。1984 年被人事部评为有杰出贡献的中青年专家。

天桥剧场、中国儿童艺术剧院翻建工程设计曾获建设部、教育部奖；清华大学百年会堂获 2012 年度中国建筑学会建筑创作金奖、2013 年度教育部优秀设计一等奖、2013 年度全国优秀工程勘察设计行业二等奖。

图书在版编目（CIP）数据

李道增/本社编. ——北京：中国建筑工业出版社，2016.7

（建筑院士访谈录）

ISBN 978-7-112-19497-1

Ⅰ. ①李… Ⅱ. ①本… Ⅲ. ①李道增－访问记

Ⅳ. ①K826.16

中国版本图书馆CIP数据核字（2016）第128896号

丛书策划：王莉慧　郑淮兵

责任编辑：费海玲　张幼平

书籍设计：肖晋兴

责任校对：王宇枢　李美娜

建筑院士访谈录

李道增

本社 编

＊

中国建筑工业出版社出版、发行（北京西郊百万庄）

各地新华书店、建筑书店经销

晋兴抒和文化传播制版

北京顺诚彩色印刷有限公司印刷

＊

开本：965×1270毫米　1/32　印张：7 $7/_8$　插页：4　字数：175千字

2016年10月第一版　　2016年10月第一次印刷

定价：30.00元

ISBN 978-7-112-19497-1

（28738）

版权所有　翻印必究

如有印装质量问题，可寄本社退换

（邮政编码　100037）

建筑院士访谈录

李道增

本社 编

中国建筑工业出版社

编者的话

院士作为我国最高层次学术水平的大专家，在各个行业都有代表。细分之后，专注于建筑领域的院士仅仅数十人，涵盖了建筑设计、结构、文化等多个领域，每个人在其专业领域中可谓学术之集大成者，有着丰富的人生阅历、专业经验以及学术积淀，而我们多数人都仅仅看到院士们的成功，看不到院士们为此付出的努力和艰辛。如何展示院士成功背后不为人们所知的故事，展示其生活和工作中的甜酸苦辣，就成为丛书的源起和旨归。

从现实角度考量，这些院士们大多年事已高，且依然承担着纷杂的专业事务，有的甚至还站在专业事务的第一线，承担着繁重的科研和设计任务。如果约请他们以一种严格的著书立说的方式来呈现，是院士们难于承担，或者说不愿意承担，且承担不起的难题。这不仅不现实，也是不近人情的安排。有鉴于此，我们采取了较为灵活的方式，首次选取了我国 10 位从事建筑学研究和建筑创作的院士，在他们匆忙的事务活动中，见缝插针地安排了面对面的采访，通过问答的形式，配以同期录音和录像，在尽可能少地占用院士们的时间（一般一个院士也仅仅采访一两天的时间）的情况下，完成资料的采集工作。之后，经过我们的精心整理，补充资料，就成了目前这一套《建筑院士访谈录》。

丛书力图通过人物肖像摹写的方式向读者展示院士们真实的工作和生活，真实地表现院士们喜怒哀乐，原原本本地展示院士们的真性情，以及他们最富于启迪性的一面。是国内首次以访谈录的形式展示建筑学院士创作与思想的丛书。

以下揭橥本书的意趣：

——我们不讨论身份、称号还有荣誉，我们不塑造光辉高大的形象，我们希求以最为朴素的文字和并非精心安排的方式，还原各种平淡无奇却意味无穷的工作与生活！

——我们不宣扬成功学，我们不寻求关键的锁钥——虽然我们并不惮于讲述成功的故事，更不是呈献励志的心灵鸡汤，我们倾向于寻迹每一个脚印，还原人生点滴，以至微至细的人生本真，逼近普通而真实的成功！

——我们关注现实情怀，关注认真和专注的态度，还有每一种伟大背后的真实内涵！

沈元勃

中国建筑工业出版社社长

目 录

第 1 章

里弄时光

李氏后人

采访者：李先生，除了院士身份，您另一个引人关注的身份就是李鸿章的后人。对这个离您已经有较长时间的祖先，在您的早年家庭生活中，是否有过具体的感受，或者说，是否有着直接的影响？

李道增：其实，我不是李鸿章的直系后代，李鸿章弟兄一共有六房——李瀚章、李鸿章、李鹤章、李蕴章、李凤章、李昭庆，我们家是第三房，是李鸿章弟弟李鹤章一系的，到我已经是第五代了。我出生的时候哦，你们也知道，李鸿章这个家族已经非常没落，已经离盛期很远了；更主要的是，李氏家族早早分家各奔前程了，所以啊，很难说我和李鸿章家族的关系有多大。

我的祖父李国松没有做过什么官，只搞过一些实业，现在流传什么李国松是民国时期有名的收藏家、国学家、诗人，我的父母从来没有提到过。我出生的时候，还是一个大家庭，但我对祖父没有多少印象，见得不多，也没有多少时间在一起。祖父还有个兄弟叫李国什么的，我记不清了，与我同辈曾做过驻美大使的李道豫是他

照片中左侧为首的是李家炜，属龙；其后是李家炯；第三位是李家骐（叔祖父之子）。再后面李道均（李家炜大儿子）、李道基、李道增、李道豫（李家骐的大儿子）、李道丰（道豫的弟弟），最后是李道堉（属虎）。根据属相排队，故被题名为"龙头虎尾"图

的孙子，反正就是我们两个家庭和我们各自的祖父住在上海重庆路的一个大公馆，一栋很大的三层楼砖房里。我4岁以前可能住在这老公馆，我对老公馆没有什么记忆。那大约是1934年，因为祖父经营破产分了家。分家以后，我祖父就带着他的姨太太和他们的子女搬到天津去生活了。

前不久为了写《传记》，我爱人问在祖父身边长大的堂妹李道厘（四伯父李家炜女儿），她说在日本统治天津时，祖父的原好友王揖堂邀请祖父做汉奸大官，被祖父拒之门外。祖父是个一生手不离卷、严肃到孩子们见了他只能站立、大气都不敢出的老头子，但是他很重视子女教育，支持念洋学堂。李道厘写过一本书《根深叶茂》，附上了曾在上海重庆路李家老宅居住过的李氏老三房部分后人拍的"龙头虎尾图"。

分家以后我的父亲李融龛（家炯）、母亲唐贤元就带着长我一岁的姐姐和我搬到了我们自己的小家庭。据说先是在上海西郊临近农村的中央一村单独居住，以后又租住到法租界永嘉路和平邨，直到父母先后离世才退了房。我们到了小家庭以后，仍然因为当时社会

祖母刘氏怀抱李道基

上对李鸿章的评价主要都是反面的，骂他是"卖国贼"，我们家里头从来也不提这件事。甚至到我们长大了以后道听途说，隐隐约约知道一些也是以作李鸿章的后代，是不光彩的背景。

采访者： 就是因为李鸿章的身份和作为吗？也就是您对这个大家族，没有什么太多的了解和接触，并不是在李鸿章的余荫之下生活的？

李道增： 在我父母的小家庭里面，他们对整个李家的印象不好，好像各家之间都有些瓜葛，父母亲也不去深入了解，反正好像是很乱的。据我母亲说，我们的祖母早已去世——我可能就是在照片里看到过。我父亲是祖父母最小的儿子，祖父的钱财没有分给我们家什么，只给了一些书。好像我母亲还因为手头拮据，对我祖父他们有些意见就唠叨，而我父亲以大局为重，不让她去计较。

其实我的父母都是非常仁慈和蔼的人，对任何人都非常厚道，这在亲友和弄堂里的邻居那里是尽人皆知的。

和平邨 8 号

采访者： 李先生，您对父母亲的印象是什么？

李道增： 我的父亲青少年时在安徽合肥读国学，受的是老式的教育，到上海后祖父让子女都上洋学堂，父亲和他的两个哥哥——李家煌和李家炜都是读过圣约翰大学的。我母亲是上海教会学校中西女中毕业的，父母亲读了洋学，崇尚自由、民主，新的成分更多一些。

我们原来的大家庭是一个封建的大家庭，迁居上海以后接触到洋人、洋事，所以那时的人怎么说呢，半新不老，又新又老。老一辈的人要经过很长时间的过渡，慢慢地变，原来完全老的封建的那一套，慢慢在上海的环境里学洋，变得有点洋了。就从穿着来说吧，我祖父那一辈啊，全部是老的，他没有穿过西装，一直就是老袍子、马褂什么的。到父亲这一辈呢，特别是迁居小家庭以后，西装也穿，长袍也穿，冬天都是棉鞋，出去参加什么会啦，有的时候穿长袍，有的时候穿西装打领带。我小时候也穿长袍，也穿普通的小洋服。1947 年我到清华来时，还和同学们一样也穿长夹袍，冬天都穿长棉袍。我们在上海家里每天吃中餐，周末父母亲也会带姐姐和我去吃西餐。和平邨邻居有留学英国的上海海关总工程师，有留学美国的

14

上海永嘉路和平邨 8 号

上海发电厂工程师，还有在英国攻读法律回来没有什么工作的，更有一位博士喜欢足球，经常带着我去看足球，这也成了我的爱好之一。这些邻居对我接触科学技术产生了影响。父母亲非常喜欢京戏、昆曲，父亲高兴的时候还会唱几句，同时他们也会带我们去看电影、听音乐会，所以说我们家新派不算新派，说老派也谈不上老派，半新不旧，中不全中，洋也不很洋。

父亲受大家庭礼教的影响，从小就教育我们要守法，要懂礼貌，要规规矩矩、踏踏实实做人、做事、做学问，每学期都要检查我们的成绩单。当时家里有不少线装书和字画，都是祖上留下来的，还有很多母亲和父亲的英文书和小说、杂志、字典。我从小接受着中西两种文化的熏陶。父亲非常喜欢画画，这对我有很大影响。他要我们念古文观止，念唐诗，要我们练毛笔字，一笔一画地写得工工整整，这种较严格的训练，使我知道做什么东西都要耐心，沉住性子，不能急于求成，因此也能比较安得下心来做一些事，不那么浮躁。再大一点了，和姐姐读的小学是中西女中的附属小学。父亲也教我们骑自行车，念洋学，知道点外文。父亲对我们抓得很紧。我父亲非常喜欢艺术，收藏了很多好的字画，其中还有元代的，家里有很多对联和国画，也有寥寥几幅油画挂在家里，你可以想象一下这种半新不旧的生活景象！每次过年，父亲都要带我去城隍庙卖小商品的地方去寻艺术品，物色物色瓷器、雕塑、玩具什么的，要带着我帮他拎东西，听他讲关于中国瓷器和古董，大概也是为了培养我的兴趣吧。他有一些薄薄的册页记录，文字和图片兼有，里面可以查这些东西的资料，所以他一方面在家里翻阅这些书欣赏，一方面带我出去找、出去见识。他收藏了很多精美的盘子，虽然不一定值钱，但还是高兴得不得了，因为他并不很专业，买到喜欢又便宜的东西就高兴。他愿意带我，因为没人和他聊，他一说我就听得津津有味，都是很好玩的故事。在我8岁时家里有了小弟弟李道垍，他给家里带来了新的欢乐。

我父亲念的是文科，我四伯家里的一个堂哥李道均，也是在圣约翰大学毕业的，曾经住在我们家里，他们两个人晚上就在我们家里头聊政治，我们也听不懂，就听他们说得很激烈。

采访者：其实您家还是一种贵族的生活方式，虽然是已经没落的贵族。

李道增：贵族不一定谈得上，但我父亲当时工作还是可以的，他是南洋兄弟烟草公司办公室的秘书长，相当于现在的办公室主任，工资待遇也不错，够我们一家生活。我母亲祖籍湖南湘潭，也是有些地位的家庭。当然，这些具体的情况我之前也都不是很清楚，只是偶尔有一些了解而已。

我记得小时候经常去吃西餐，长大了住学校，每周回城都是到

参加国徽和人民英雄纪念碑设计

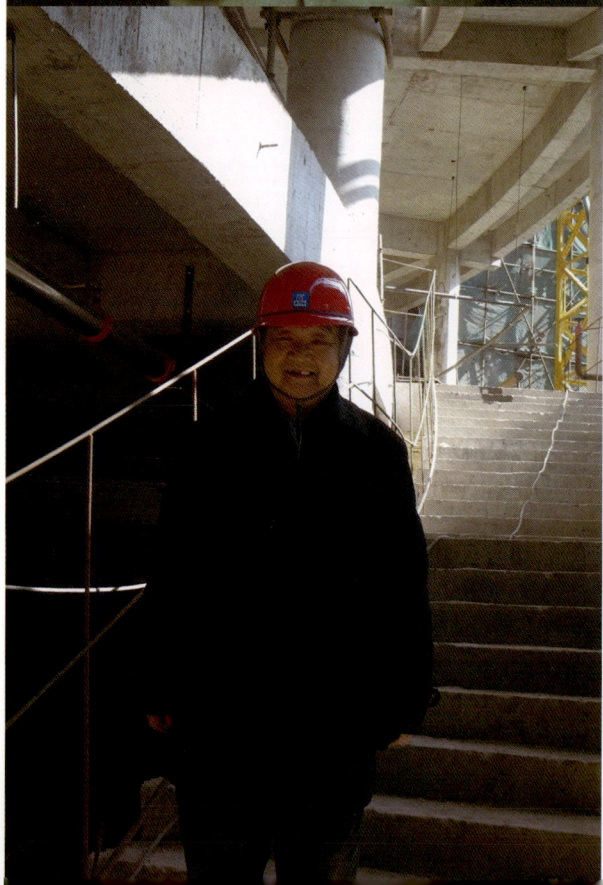

外文书店买书，就没有多少时间了。后来听我爱人讲，在清华，我们一起在1954年建校的时候，我不修边幅，棉袄漏着棉花，裤子上也满是补丁，就觉得我们家的经济条件也不会好，还预备和我一起勤俭、共同奋斗呐。1956年我们生了大儿子，因为工作忙，自己带不了孩子，只能将他送回家托父母照顾，她发现我们家住的、吃的、用的都不错。后来她一个人回上海看儿子时，我父母还带着她去了全上海最好的中餐和西餐馆。这种生活大概还有一点所谓的没落贵族做派吧！

采访者： 那也可能是对您爱人的特殊照顾啊！

李道增： 也有可能。当时我们已经有孩子了，我爱人月子里就曾陪儿子住在北京儿童院。因为孩子早产，出院后就生病。刚刚满月，我们送儿子到了上海家之后啊，父母亲、弟弟一家子都喜欢得围着小家伙转，爷爷早上起来上班前，第一件事情就是下楼去看孙子。现在回想起来，父母留给我们的，真的都是很深刻的东西，包括对人的深刻的爱，宽厚待人不计较。父亲有着非常好的古文和英文功底，不仅精通古诗词、散文、京剧等中国文萃、国粹，写得一手好字，并且在西洋文学绘画和音乐方面也有很高的造诣。母亲是大家闺秀，受过良好教育，英文很好，也会一些法语，后来就在家相夫教子，成就了我们兄妹三个。晚年倾心倾力照顾培养我的两个孩子，消除了我们的后顾之忧，让我们可以专心于工作。她带着孩子们，从小学写字、算术、英文。更可敬的是，她还自学汉语拼音和简体字，以便教孙子们认字。她的语言天分更表现在年过五旬还学了俄语，考了上海外语学院俄语函授班的证书，挂在家里客厅为子孙做榜样。我能够全力以赴地钻研建筑教学和设计，我爱人能经常出差下现场做科研工作，这都和父母的倾力支持分不开。他们的无私的爱和付出让我们感念终生。

采访者： 剥离李鸿章后人的虚构光环，实际影响您的还是父母亲。有一个问题是，他们主要学文，在您后来选择专业的时候，没有对您施加什么影响？

李道增： 没有直接的影响。父母对我们三个子女的教育是一致的，他们都是这么讲："我给你们创造条件，把你们送到最好的学校，创造最好的学习条件、让你们拥有自己生存和生活的能力，而不是说给你们财产"。姐姐比我大一岁多，个性和我不一样，比较外向，非常聪明，所以考了私立的燕京大学新闻系，当时在学院也是很出名的，因为长得漂亮，也因为出身李鸿章家族。不管李鸿章怎么样，普通人看你还就是高人一等的贵族家庭，姐姐就是这样的。

父母培养我和弟弟，就是让我们成为将来的业务尖子，学好理工，发展专业。我弟弟也是非常出色的，清华机械系毕业。我父母非常开明，家庭很开放，不是说把子女放在身边，三个孩子都到了北京，两个到了清华。尽管1956年公私合营、父亲自动降薪从月薪380元降至110元，没有告诉我们，我和弟弟带自己家人回上海，母亲就会去典当自己的首饰，还尽量给我们吃喜欢的东西。他们有什么困难都自己克服，直到老也从不求儿女，总是以支持我们的事业为主，不对我们提任何要求。直到后来父亲去世，1979年初，母亲被姐姐接去美国前，姐姐告诉我们，实际上父亲已经欠好友很多债务，由姐姐偿还了。我的两个孩子，都是我父母照顾长大的，他们给了孩子浓浓的亲情。

到了晚年，其实老两口很可怜。我早已被下放到了江西鲤鱼州，弟弟 1962 年从清华毕业就被分配到了最东北的内蒙古边疆牙克石，很难回来一趟，只有我爱人石青借出差机会稍微照看一下他们。爸爸去世比较早，没有活到 70 岁，在打倒"四人帮"前夕 1976 年的 6 月份危重病危，我和弟弟赶回上海他的病榻前，他含笑谢世。我母亲在美国寄居 8 年后回国，先在苏州弟弟家居住，1988 年到清华来我家，忽患黄疸病。姐姐和弟弟协商后，安排她住进刚刚成立不久的中日医院进行手术，发现是肝癌晚期。老人回到清华校医院，离世时儿女都在膝前，满足地闭上了眼睛。

里弄少年

采访者：从大家庭出来之后，你们还有过多次搬家的经历，直到最后定居于法租界？

李道增：是的。在中央一村之后，我到幼儿园开始接受西式教育。1935 年又搬迁到香村，1936 才在上海当时的法租界西爱咸斯路（现永嘉路）和平邨八号租了一栋房子定居下来。

据母亲后来讲，我在 2 ~ 3 岁时可不像姐姐那么乖巧。比如说照相，我就无法按大人的要求在镜头前摆各种姿势，所以也就没有留下什么照片了。有一张照片，我是穿着长袍和背心，皱着眉头，弯着身子朝镜头张望。据说是父亲早就在老宅花园里支好了相机，自己对着镜头往里看，骗我说里面有只大老虎，还张大了嘴要咬人，

我终于经不住诱惑，小心谨慎地慢慢走近相机，也想看个究竟，进入了镜头就听见"咔嚓"一声被拍了下来。直到后来大一些了，约在5～6岁的时候，才配合照相。我从小就喜欢飞机，所以有一次和家人的合影，就特意戴了一顶飞机驾驶员的航空帽，非常神气。

采访者：总体说来，您的童年生活其实是比较幸福的，没有封建大家庭的阴影，有较为开明的父母教育，有相对充裕的生活条件，还有喜乐欢快的生活。

李道增：是的。我的弟弟比我小8岁，我们有很多共同的生活回忆。比如小时候我特别愿意带着他玩，教他做橡皮筋弹子弹的游戏，那是把纸裁成小条，卷成像小炮仗一样的细圆棍后，再将圆棍弯成钩子，架在左手拇指和食指间的橡皮筋上，右手拿住子弹拉动橡筋进行弹射。最初是用报纸画成靶标，比谁能打中标心；后又改打桌上的玩具木偶；慢慢发展到双方桌子板凳构筑防御工事，进行对射；最后是一帮小孩追打我一人，边逃边转身发射子弹回击。在弟弟稍大一些的时候，我又教他做"坦克"玩。材料是缝衣线的木质带孔轴芯、一小段带孔的蜡烛、毛笔的竹制笔帽和橡皮筋；橡筋的一头套在笔帽上，另一端穿过起阻尼作用的蜡烛圈和线轴的孔，固定在线轴的另一端，握住线轴，转动笔帽使橡筋加载，然后把这"坦克"放到桌面上，它就能自动前进。我们有时是比谁的"坦克"跑得远；有时是两个"坦克"进行顶牛比赛，看谁的有劲；后来又在线轴两侧的轮缘上刻上齿，"坦克"就具备了翻越障碍的能力，甚至可爬书本构成的楼梯。

还有一项游戏是用那辆24寸男式小自行车带弟弟出去兜风，这辆车是初中时每天上南洋模范中学时骑的车。兜风时我们把车比作一

全家福照

架飞机，弟弟横坐在前杠上当机枪射手和投弹手，我是机长兼驾驶员，一面骑一面发出飞机发动机的低沉轰鸣声，模拟高空飞行，突然命令，"前方发现敌机，立即射击！"弟弟就遵命"哒！哒！哒！"地开枪，"报告，敌机被击落！"当看到前方路上的下水道井盖时，就发出指令"前方是敌人的司令部，准备投弹！"在自行车压到窨井盖时，弟弟就发出"轰"的一声，并报告"命中目标！"我们还在家里的客厅里用吃饭的活动方桌与八仙桌拼成一个乒乓球台打乒乓球。

采访者：看得出来，你小时候就习惯了动手做自己喜欢的东西，有很多办法和"道道"。

李道增：根据我弟弟的回忆，好像也是在高中时期还做过一架橡筋动力的螺旋桨式飞机模型。那时自己做飞机模型可不像现在那么简单，如今机身和翅膀都是用泡沫塑料压注成形的，买回家只需拼装一下，贴上装饰标志就可以了。那时机身和翅膀的肋片都要自己按图先在薄的桐木片上画好，然后逐一用刀雕刻下来，再用木条和竹丝把各种肋片连接成机身和翅膀，需要细心和耐心，还有手上

中西女中附属小学

的刀功。印象中这架飞机模型花了许多时间。当时的工作区就在二楼卧室靠阳台的北窗前，写字台上堆满了模型材料、胶水、图纸和做好的零部件。这个地方，我设定为弟弟的禁区，也不让其他人帮忙清理和打扫，唯恐丢失小零件。终于有一天拼装完骨架糊上蒙皮纸，并经美化和画上标志后，大家看到了一架非常精美的飞机模型。当时就是这样喜欢动手做模型。

采访者：与此同时，您的学习也一直非常好！

李道增：是的。我和姐姐是在中西女中附小读的小学，学校在我们弄堂离大街不远过去的一个街区。学校是美国办的，是一个很出名的学校，校长是一个美国老太太。那个时候二年级就学英文，没有英文课本，直接就用美国的，然后每个人发一本。所以我从二年级起就学了英文，英文小说《小妇人》（Little Women）和《双城记》（A Tale of Two Cities）都是小学六年级的时候看的。英文底子好，就是讨便宜啊。一般的学校到初中才学英文，我是小学二年级就学英文。其他的功课我都学得好，后来据我弟弟讲，他上小学的时候——尽管事隔好几年，可是当时教过我的老师，看到他的名字后就问："李道增是你什么人？"弟弟说："是我哥哥。"看来我的名字已经烙在他们脑海里了。图书室戴眼镜、梳着中式发髻的阙先生，总是笑眯眯地对我弟弟说我长得圆头圆脑的，脑子聪明功课好，招人喜欢。

小学毕业后，我读的也都是上海的好中学，那时候倡导技术救国，是技术还不是科技。评论小孩好不好、念书用功不用功，就看上哪一个学校，是不是好学校。我从小到大就是这么接受这些观念，接受评判的。

我12岁在教会学校南洋模范中学读初中，初三的时候被传染得了一场大病——黄疸性的肝炎，半年没有上课。暑假后考入江苏省立上海中学（今上海中学）高中理科班，也是受的新式教育。学校管得很严，有军训，要做很多难题，一关一关地考，一直这么学上来，在学校里学习不好的话很难混下去。当时的校长沈亦珍夫妇都是英国剑桥大学毕业的，校长还是博士，他给我们讲"逻辑"，用英文讲，我们笔记都是英文的，他要检查笔记的。所有高中毕业生必须背诵三本英文的文选。上高中时，我每学期都要把成绩报告单给父亲看，他总会点头说"不错"。

从小到大，我做了很多题目，都是难题。难题做了很多又讨了一个便宜，就是你会解难题，这条路走错了，那条路还能试试看能不能走通。从小学开始的算术到高中三年级的三角、几何、微积分等，特别是上海中学的数学教师朱凤豪自编了100道难题，我都是在学校熄灯后，躲在被窝里用手电筒照亮练习的。我做了各种各样的难题。后来到清华念书，这个经验也发挥了很重要的作用。

采访者：据了解，在你们居住的法租界那一带，有很多大人物，和您同龄的人中间，也出了很多人才？

李道增：是的，我们住的永嘉路和平邨弄堂里的邻居，有上海海关总工程师是英国留学毕业的，他们家里有军舰小模型，他对他的儿子以及小朋友们影响很大。那时候我们做飞机模型，他就来指点，让我们放在风扇前面吹一吹，看看平衡不平衡。他还带我们去上海海关钟楼上，看那个大钟怎么运转。另外我们弄堂还住有上海发电机厂的技术总监、上海纺织厂的副经理等，这些人对我们影响很大，教我们好好念书、多学科学知识、为国家做大事等。这些是我们那一个时代先进而根深蒂固的东西。

现在我们清华大学蓝旗营12号楼402房间及住在10号楼的两位，是兄弟俩，是教授也都是院士，都是跟我在同一个小学读书的，他们比我低几个年级。另外，当时与我们同住和平邨、和我弟弟同年的一位，住在6号楼，清华大学毕业后也被遴选为院士，是一位搞航天工程的专家。我的第一个硕士研究生王方民也曾住在和平邨后弄堂20号，他攻读我当时开的西方剧场研究生课——延伸式舞台，毕业后在浙江省设计院工作，不但是剧场设计专家，在博物馆、图书馆等方面也都很成功。

跟周围很多聪明人相比，我不一定有多少优势，只是那个时代的特点，让我们从小接触了西洋新东西、新技术和技术救国的氛围，也就是上海的特色了。

上海中学当时考上北大、清华的人不少，如陈遂、陈远、谢吉廷、徐秉榆等。王震寰和我同届考到清华，他读机械系，后来到北京市做了局长。谢吉廷考上了清华水利系，后来在"文化大革命"中自杀了。陈遂、陈远是国民党高官陈布雷的儿子。弟弟陈远高二就考上北大，早我们一年到北京，哥哥陈遂在我这一届没有考上，后来第二年又考上了清华物理系。后来还听说陈布雷文学方面的成就可以跟鲁迅媲美，是一个大文人。可是他儿子一点特殊化都没有，穿着灰色粗布中山服，上学坐公交车。

采访者： 您在上海，在上清华之前，其实是中国大变动已经来临的时候，您当时接触到了各种各样的思想了吗？

李道增： 那时上海统治还较严，学校有地下党，我们也只能偷着看《钢铁是怎样炼成的》等，这是国民党政府认定的"禁书"，不准在社会上流传。后来我也从学校带回过一些传单类的小册子，被弟弟发现嚷嚷看小说怎么还钻在被窝里。爸爸知道了，曾警告过我别惹麻烦。

家里从小就把我放在三楼，就是小洋房的阁楼上，让我好好读书，不让我怎么接触社会，在上海中学时同学们给我起绰号"Doctor"，所以我大学时被同学们喻为"拼命三郎"，笑为"天真""老天真"。爱人气我不知道人间烟火，只会玩命干业务。

采访者： 在上海中学上学时有什么印象深刻的事情吗？

李道增： 可以说有件事吧。高三的时候有一次举行全校的英文讲演比赛，大家都报名，我们班上报了2个。当时报名参加比赛的一个同学，和我同级但不同班，是我们英文老师的儿子，他被公认是全校最棒的。校长当评委主席，校长夫人是评委，这个同学的父亲也是评委，还有另外几个英文老师一起当评委。每个报上名的都上去演讲，

上海中学主楼——龙门楼

上海中学大礼堂

讲完了评委打分，这件事情也挺好玩的。打完分一看，我得了第一名，那个同学只是第二名！我没有料到我能够当第一名，虽然我的英文写作不如他，但当了第一名还是很高兴的。这是我在中学阶段英文得分最高的一次竞赛，通过竞赛得的第一名。

采访者：看来这个第一名对李先生影响很大啊？

李道增：我中学时候不算聪明，没得过什么奖，没有料到我能得第一名，也就受到了很大的鼓舞。

第 2 章

清华往事

初入清华

采访者： 我设想当时的上海，是一个非常活跃的地方，各种思潮风尚精彩纷呈，为什么您选择离开上海，去了清华大学呢？

李道增： 考清华，主要是受了我们班主任老师杨逢挺先生的影响。他当时教我们物理课，是清华物理系第一届毕业生，他常跟我们宣传清华怎么好，给我们讲马约翰的故事等，我们听了都很羡慕，报考就受了他的影响。

那是一个动荡的时期。我们高中毕业，就面临去哪儿上大学的问题。上海中学的学生，愿意念理工科的，选择的目标就是清华大学和上海交通大学，大家都认为这两个学校比较好，比较严、也难考。两所大学都是国立的，学费不贵。再者班主任是清华毕业的，数学老师、生物老师、化学老师等一说到好的大学就也是清华和交大。当时很多人不愿意离开上海，我们学生和年轻人倒无所谓。我们同学当中有一个学生是陈布雷的小儿子，高二就直接考上了北京大学新闻系，他到北方以后给我们来信，当时也正好出了美军士兵强奸沈崇的案件，让我们感觉北京非常活跃。当时我们大家都是比较自由的，愿意到哪儿就到哪儿去上大学，我姐姐李道基就早我一年考到北京的燕京大学去了。

那时大学录取通知单不是通过邮局寄到每个人的家里，而是全部刊登在报纸上。那天我一直在客厅里透过窗户看着弄堂里的动静，焦急地等待邮递员送报纸来，拿到报纸后就迫不及待地趴在桌上从密密麻麻的名单中找，妈妈和弟弟都静静地等在周围，很快我就发现了自己的名字，高兴地叫起来："我考取啦！"顿时全家都高兴得不得了。

采访者： 从上海到北京，在全国形势已经比较紧张的情况下，要费一番周折吧。

李道增： 那时上海到北京是不通铁路的，要乘轮船到天津，再转乘火车去北京。

考取北京的大学生有北上同学会组织，安排大家一起去北京，我们班王震寰等一行四人乘的锡麟（国民革命烈士）号海轮。我当时的行装就是一个铺盖卷和一个棕色的柳条箱。船从上海开出吴淞口外边，经东海绕到塘沽再上天津到北京。我们很多人都是第一次坐海船，开始都要看海，看海鸥和海里的生物。一开始都很新鲜，走了几天，海面水平如镜，除了眼前的一点浪花，也没有什么东西看，许久都见不到一个岛屿，这时候就很枯燥了。偶尔发现一个海藻什么的，就都抢着去看，也挺好玩的。因为票价便宜，我们住在船最底层的舱位，就是 4 人舱的双人铺。晕船是在所难免的，因为再平静的海都有浪，船晃动使大家都吐得七荤八素的。当日晚上坐在甲板上，有人在所坐的篓子底下摸到了香蕉，就分着吃了。吃了以后，吐得非常厉害。我吃了父母给的药好像昏睡了没吐。

采访者： 到清华，也是你第一次到北方来，有什么样的印象和感觉？

李道增： 我们从上海来的那帮人里面，哪个系的都有。说实在的，之前对清华没有任何了解，就是考上清华就来了。我们同班考上清华的四个，据王震寰回忆，其中两个是重庆客陈布雷的儿子和

打驴球与拔河——清华校庆传统游戏

另一个，还有一个 Doctor 是我，都住在善斋。头一天晚上大礼堂演出，就是集会声讨国民党抓了哪几个学生没有放。进入清华以后，我们觉得整个舆论氛围和上海很不一样，上海国民党统治是很严的，学生好像还要军训。到了清华以后学生会很活跃，经常帮助我们外地来的学生。学校气氛活跃而新颖。

当时的印象是清华太大了，高年级的同学带我们参观，跟在后面都怕走迷路！在上海，我们上海中学校园算很大的了，有音乐楼、教学楼，还有大礼堂、男生女生宿舍、教师宿舍，这在上海已经是很大了。到清华一看，好像那都是小巫见大巫了。其实当时的清华不如现在的清华一半大，可是对我们刚从南方来的学生而言，这种规模也已经是很大的了。

采访者： 在北方，应该有一些生活上的不适应吧？

李道增： 也还好。上海很多人好像不吃羊肉，认为羊肉有膻味。到了北京，很多人都说喜欢吃涮羊肉。我们几个上海来的，也就约着去王府井尝试一下涮羊肉。

那个时候从清华去王府井，就是进城，有一条老中路，从燕京的大门进去，一条柏油路从燕京门口经过，然后到王府井。王府井也是很新鲜的，跟上海不一样啊，布置的东西不一样。想尝涮羊肉，我们去了东来顺，就在王府井那个大棚的楼里头，当时还都是小平房。我们就勇敢地吃了一次，觉得好吃极了，大家都吃得很高兴。这是第一次吃涮羊肉。接着又试了一下烤羊肉，也是在东来顺，是在二楼，屋顶上搭了一个棚子，每个人拿长长的筷子夹羊肉，一块一块切小，在平锅底上烤着吃，也好吃极了。当时无所谓膻不膻，就是味道鲜美。吃了涮羊肉和烤羊肉，就算生活过关了，到了北方不可能4年都不吃羊肉。当然也有人就是吃不进。

那时清华的伙食并不很好，只是姐姐隔几个星期会来看看我，带我出去下饭馆，打打牙祭。我在清华的情况，我也很少给家里讲，据弟弟讲，母亲老骂我的信比金子贵。倒是在燕京大学读书的姐姐会给妈妈报告我的情况。

画画的专业

采访者：据说您到清华，报考的并不是建筑系，而是电机系？

李道增：我们最初在老师的影响下报考清华，当时的清华只是一个最好的学校的笼统概念，对专业什么的没有想法。我们班当时从南方考到建筑系的有7个人，真正直接报考建筑的只有1个，那就是周干峙院士，其他都是从各系转过来的，有航空系的，有机械系的，

有土木系的，还有物理系、社会系的。我是从电机系转来的。

在清华，1947年的时候，也没有几个年轻的学生知道刚刚创办一年的营建学系——就是后来的建筑系。早在抗战胜利前夕，作为留学美国的建筑学家，梁思成先生就开始思考如何在焦土之上重建家园，给当时的清华大学校长梅贻琦先生写信："抗战军兴以还，各地城市摧毁已甚。将来盟军登陆，国军反攻之时，且将有更猛烈之破坏，战区城市将尽成废墟。英苏等国，战争初发，战争破坏方始，即已着手战后复兴计划。反观我国，不惟计划全无，且人才尤为缺少。"根据梁思成先生给梅贻琦校长的建议，清华大学成立了营建学系，聘梁思成先生担任系主任。梁先生办学非常重视师资，求贤若渴，1946年秋刚刚招收了第一批学生吴良镛、助教，最初负责的老师也只有从营造学社请来的刘致平先生，以后从中央大学陆续请来胡允敬、朱畅中、张昌龄，从重庆大学请了汪国瑜等骨干力量，水平相当高。新学期开始不久，受国民政府教育部委托，梁思成匆匆赶赴美国，考察战后建筑教育，并应耶鲁大学邀请，前去讲授中国建筑和艺术，以后又作为中国的代表去评审联合国大厦，出国时间较多，名望很高。

采访者： 大家都在转系啊！选择电机系，可能符合当时的社会思潮，也和你的兴趣相关，后来为什么要转学建筑呢？

李道增： 那时大家都分不清专业，只知道是理工科，也只知道建筑跟画画有关系，我们当时画画画得最好的同学，是电机系的，还有一个现在是美院的油画教授，当时清华画画画得最好的并不在建筑系，是在电机系。清华那个时候学生的能力，今天没法估量啊！

我从小就喜欢画画，到清华后发现还有可以画画的专业，又慕梁思成的大名，所以我就转了过去。为了我学好建筑学，父亲让我到上海的张充人那里学画，从铅笔线条学起，画了以后呢，我父亲非常鼓励我，说我画得不错，我就有劲了，就更喜欢画画。

高中年代，我记得画过很多美国的战斗机和轰炸机。那时抗战胜利不久，有许多有关美军的画报，我就照样把各种型号的美式飞机依照一定比例，用铅笔画在一张 A3 大小带蓝色格子的坐标纸上，有 P40、P51（野马式）、P38（双机身闪电式）、P61（黑寡妇式）等战斗机，有 B17、B24、B25、B29（空中堡垒式）等轰炸机，还有 C40 运输机。好像还有英国的蚊式战斗机。一张纸上布得满满的，都是各种型号的飞机。后来上大学时就送给了弟弟。在 1947 年高中毕业时，我们班编的同学毕业纪念册中有同学在我的照片旁边写了一首打油诗，其中就有一句"飞机坦克善素描"的词句。

采访者： 那时很自由啊，可以按照自己的选择转专业。

李道增： 当时只要系主任同意就可以转。高班同学说必须自己去找梁思成先生，一想到这个，我就害怕得不得了。

1947 年，由梁思成主导的营建学系就在清华学堂南侧旧水利馆（水利实验室）的二楼办公。灰墙、大坡顶的旧水利馆由著名水利水电教育家施嘉炀设计并主持修建，1933 年建成，周边是洋式建筑。

为转系没有办法了，硬着头皮走进梁先生的办公室，进去一看，是一个微微驼背的和蔼小老头，也就不怎么怕了，气氛就很自然了。那时梁思成先生刚刚从美国回来。我忐忑不安地说自己想转系。"欢迎呀！"梁先生很高兴，看了看我的入学成绩单，觉得还不错。他

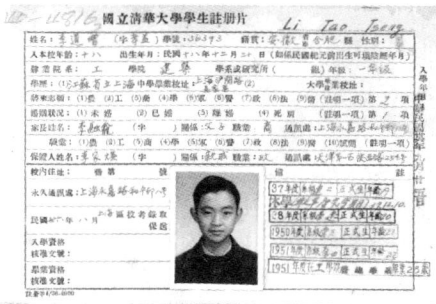

营建学系学生注册表

从美国回来的梁思成

说，你高分考到电机系，电机系很有名，我们营建系刚办不太出名，你从电机系转到营建系来，不要听着人说一激动就转过来了，之后又不愿意了。"你想好了？改了就改不回来了。"我点点头，然后他就问了一些问题，马上就要我了。

1947年9月我到营建学系注了册。

名列玄武

采访者：您能跟我们谈谈梁思成先生，谈谈建筑系，还有梁思成先生对您的教育和影响吗？

李道增：1947年我进营建学系时，全系学生才两个年级，共二十余人，系里大家关系密切，学生彼此以"玄武"相称，师长尊称为"公"，像个家庭，又像是个小社会。梁先生是一位非常开明，富有"民主精神"的长者。大家非常尊敬他又非常喜欢他。梁先生是非常"爱才"的，恨不得把天下的英才都延请到清华建筑系来。在国家

清华学生募集资金成立图书馆

实行院系调整时，原北京大学的建筑系合并到清华，到我快毕业时学生总共也就五十多人。

在我们 1947 年级的新生欢迎会上，梁先生给新同学讲的话很简单，讲的是他访问美国第一次碰到建筑大师赖特时，赖特问他："你们中国人为什么还要到美国来学建筑？两千年前中国的老子已经把建筑的哲理讲透了。老子在《道德经》中曾说，'埏埴以为器，当其无，有器之用。凿户牖以为室，当其无，有室之用。故有之以为利，无之以为用'（《道德经》十一章），把有、无的关系，建筑的本质讲透了。"梁先生的这段话后来才在我国建筑界发表传开，传为佳话。我听到的是梁先生最初的原版，对我是一次空间和建筑关系的启蒙，也使我明白了中国建筑植根于中国文化的深刻意义，是我毕生受益的大幸。

采访者：不少人回忆梁先生讲课讲学都是风度翩然，妙趣横生的。

李道增：无论在什么场合，只要梁先生一说话，大家都自然屏息聆听。他的即兴讲话，从来都十分生动、风趣，从不干巴巴，旁征博引，妙趣横生。譬喻典故还来得多，间而引得哄堂大笑。笑过之后，发人深省。他的确是位艺术家，讲话的"形象感"特强。情理交融，能以情动人，以理服人。他的"理"闪耀着知识与智慧的光辉。他的"情"又像一团火一般的热。他有时候也非常严肃，把科技人文混在一起，有理性，也有很具体的事情。

梁思成、林徽因和金岳霖三位大师是一生的挚友，他们有个留学时保留的习惯，就是三个人一起喝下午茶。在旧水利馆的无数个下午，学生们一边休息，帮先生画画图，一边听三位大师聊天。我们主要不是画图，而是听他们聊天，那么海阔天空，什么政治、艺术啊，一个哲学家、一个艺术家、一个建筑师，我们虽听不太懂，但是眼界开阔了不少。

采访者：建筑系初创，课程设计和教学工作千头万绪，梁思成先生需要根据自己的建筑思想来处理各种具体的事务？

李道增：1946 年建筑系最初的专业训练仍然是古典柱式的基本画法、渲染图等这些以巴黎美术学院为代表的古典主义教学模式。1947 年梁思成先生访美回国，就在设计课中引进现代建筑的理论，尝试吸收包豪斯新学派中的一些优点来大胆改革"传统学院派"的教学体系和内容。从我们班一年级开始就学"抽象图案"，替代古典建筑中的五种柱式。这在当时，全国还没有哪一个建筑系这么做过。

梁先生认为"建筑"的范围已从过去的单栋房子扩大到人类整个的"体形环境"，小到杯、盘、碗、盏，大至整个城市，以至一个区域。建筑师的任务是为人类的生活和工作，建立政治、文化、生活、工商业等各方面的"舞台"。建筑要为社会服务，为社会创造生活上、工作上舒适，视觉上美观的体形环境。为了实现这个理论，他认为建筑系的任务已不仅仅是培养设计个体建筑的建筑师，而是要造就这种广义的体形环境规划人才。因此，将建筑工程改名营建系，设建筑组及市镇规划组两个专业。认为从长远看，应设置营建学院，下设建筑系、市镇规划系、造园学系、工业艺术学系。在专业教育上，他要求学生既要有宏观即学科外围的多方面修养，又要有严格的精深的训练，理工与人文结合，博而精的修养与训练。同时还非常重视实际方面，以工地为实习场，设计与实施并重，以养成富有创造力之实用人才。将营建系的课程分为文化及社会背景、科学及工程、表现技巧、设计课程以及综合研究等五个方面。除传统的课程外，他分别在建筑及市镇规划专业加设了社会学、经济学、土地利用、人口问题、雕塑学、庭园学、市政卫生工程、道路工程、自然地理、市政管理、房屋机械设备、工厂实习、市镇设计概论、专题讲演及现状调查等课程。这个教学计划实行到 1952 年，由于全国院系调整而没能继续实践。

采访者：梁先生为建筑系开设了一系列课程，聘教师，排课表，还亲自讲课，甚至于主要精力在讲课？

李道增：那时候梁先生教我们，很多课他自己亲自主讲，我们都很爱听他的课，因为他准备很充分，他在黑板上顺手一画，都是画得很到位的，有的时候他讲课林徽因也来。作为试点班级那套设计的五要素，他从美国带回来的都是图片、照片，有说明在上面，都是英文的，我们挂在资料室墙上一大圈，他给我们讲设计的五要素。实际上那套东西一简化，就成了设计原理。既有理论，又有具体的解说。一些老师都很愿意到清华教书。新中国一开始的时候，什么都是新的。

梁先生十分重视加强学生的文化艺术修养，认为只有尽一切努力把学生的文化素养全面提高了，学生的审美趣味才能上去。如果只顾练"技巧"，艺术作品必多"匠气"，而少"灵气"与"内涵"。他一贯重视理论。理论丰富人的思想。有思想的人洞察力敏锐，别人感觉不到的东西，你却能捕捉到。他说："建筑师应当是在日常生活中最敏感的。建筑师所见到、听到、感觉到的东西比一般人多而深，因此比一般人也多一层美的享受。要善于体验，善于观察，善于分析，处处皆学问。"

无论哪个"玄武"到梁先生家中，他都要你到他的书架前看一看架上放着的那只长才15厘米的汉代小陶猪。他问你："欣赏不？"你如摇头，他就哈哈大笑，说："等到你能欣赏时，你就快毕业了"。你若点头，他就考问你为什么？他不但让你看，还要让你用手去摸。他说："建筑不仅要用眼看，有时还要用手去摸，才能'悟出'其断面细部设计上的妙处。"通过这种方式，他告诉我们之所以不能欣赏，是由于艺术修养还没到家，美学趣味需要有一个提升的过程，判断建筑好坏有时不能光凭"视觉"，还要用手"摸一摸"，凭手上的触觉舒不舒服来判断设计的优劣。这都是教我们明白认识和实践的关系，训练我们理论联系实际、自学和自己钻研解决问题的能力。

李道增与关肇邺　　　玄武

采访者：为什么称"玄武"呢？这个名字有些意思啊。

李道增：我也不是很清楚。反正1950年以前清华的建筑系招收的四届学生，都称为"玄武"。听人讲，所谓"玄武"是有一次梁先生讲课，讲到玄武是司营造的，我们这些行业是归玄武管，大家就笑，觉得玄武这个名字挺雅的，梁先生也默认了。后来学生见面就问，"老玄武到了没有"，就是问老同学到了没有。

求学随录

采访者：能给我们讲讲当时刚在清华上课的情况吗？据说大家一片红的时候，您是全部通过了，您那时候学习很好啊？

李道增：那时候很有意思的。我们上大一的时候，有国文、英文、微积分等课程，我们可以旁听别的系的课，我还听过美学的课呢！老教授在教室里面讲，其实下面也没有几个学生，三五个学生坐在那儿，老教授就讲，我们在旁边听，挺有意思，就是有些听不懂。

高年级的同学告诉我们，清华理工科有三门课最难通过，哪三门课？大一的第一门是大一普通物理，我们都找物理系同学要难题练，后来做过国家科委主任的周光召就是物理系的，是向他找难题练习时熟悉的。大二的一门课是钱伟长先生讲的应用力学，这是第二门难学的课，是以出的力学考试题难有名。第三门是电工原理，营建系不学。因为我从中学习惯了做难题，所以基本都能通过。

大一物理下马威。首先是大一物理，那是大一各系学生上的通课，也是在一起考试，成绩在同方部用蓝色学分招贴公布，考下来不及格的用红色表示，常常是一片红，老师是通过这种办法杀新生们以为自己考上了清华就了不起的"傲气"，我那次考了82分，总算战战兢兢通过了大一物理"下马威"。

钱伟长先生出的力学题的确很难啊。钱伟长先生教应用力学，每个礼拜五早上，头一堂课考一道题或者两道题，你考不出来就0分。反正我们系里高年级没有一个人一次通过的，都通不过。

攻克力学难关。我们读力学时每周考一次，一个学期就考了20次，我每一次都是100分。最后大考是3道题，第三道题拐了一个大弯，我后来很巧妙地用数学方法解决了，就是错了一个正负号，他也算我对了，扣掉了我2分，算98分。最后总成绩给了我97分。那时候在班上我的考试成绩最高了。

采访者：清华那个时候有很多有名的人，钱伟长、英若诚等。

李先生：新中国成立前清华的名人太多了。英若诚是外文系的高才生，我们上学时他就活跃在清华文艺舞台上，我曾听说他的父亲是国民党什么部长，英文好得不得了；还听别人讲，英若诚跟曹禺一起到英国、法国去看莎士比亚的戏剧表演，他坐在曹禺的旁边，可以把台上演员的英文台词直接翻译成中文，这可用的都是英文古文啊！工作以后他当了文化部的副部长。后来我曾经请他到我们建筑系来给我们讲戏剧，他一口答应了，讲得大家很开心，他讲的东西都是实实在在的。

采访者：还有没有别的有意思的课程？

李道增：当时还有一个外国的英文老师教我们英文会话，直接对话，一个一个约好时间跟他一周见一次面，英语交谈。还好我从小就学英文，底子比较好。

采访者：当时的清华也算是藏龙卧虎，学生们是各有各的招数，各有各的特长啊！

李道增：大家都有自己的特点吧。周干峙当时玩无线电，专长就是装收音机。这个也挺好的，他在中学阶段把无线电路什么都学好了。我中学的时候喜欢做模型飞机，这跟我们建筑学建模也关系密切。

我后来老说兴趣是最好的老师，就是要培养一定的专长兴趣，如果真的有兴趣了，那就始终都有时间去学。说时间不够，那就是借口，知道吗？他就是不愿意搞这个东西，他愿意搞的话时间多着呢，看书也是这样的。所以引导学生的兴趣是最重要的，学建筑的人也是这样。就是要根据他的专长，使劲在专长上推一把，然后帮助他，他来劲了就有出息了。建筑我觉得又要专又要广，没有专你就广不了，广也要有一定的专。所以梁先生老是跟我们提，你到清华来是不是感觉到跟你中学不一样？我们老想着这个问题，有什么不一样？就是学得更广了，也更深了，这在你自己把握。怎么把握你自己看需要，学一样东西开始好像也没有多少劲头，那么你真干了，干进去了，很多问题没有解决，有新的问题出来了，你要想解决这个问题当然就有兴趣了。兴趣是可以培养的，前提是你的责任心比较强，能把这些事干好了，干好了就钻进去了，钻进去了，小事情也就变成了大事情。每件事情都有值得钻的地方。

采访者： 在那个动荡的时代，您在清华激进吗？从您现在的性格来看，您应该不是很激进吧。

李道增： 我一辈子都不激进，绝对就是一心跟着党走的，比如抗美援朝什么的，我有很高级的自行车都捐出去了，捐钱什么的，都走在前端。我是一直在党的领导下听话出活、往上走的，不管是受批判还是怎么样，除了"文化大革命"，我都是在又红又专第一线上的。很多事情啊，让我去做，去开拓我也很愿意，刚要做成点什么，却又停掉了，就是盖不了了，不是没钱了，就是什么又变化了，在我的经历里这种事情很多。

1948年冬天，解放战争的平津战役即将开始时，爸爸和姆妈怕我有危险，就让我暂时休学回上海躲避一下，我那时候政治倾向就是很拥护共产党的。记得在上海临解放前的春节，我们全家到在上海市政府工作的四伯伯（李家炜）家玩，四伯伯的家当时住在上海长乐路（原浦石路）的"沪江别墅"，靠近"东湖（原杜美）"电影院，名字上标榜的是别墅，其实也是一栋栋联体的弄堂房子，我们几个，包括我爸爸，一起骂国民党的腐败，这让我四伯伯很紧张，脸都变色了。

1949年春天快解放前，一到晚上，爸爸、姐姐、住在我家的堂哥还有小弟，我们几个就在客厅关紧门窗，拉上窗帘，围住那台PHILCO（飞乐）牌小收音机，以很低的音量偷偷地收听共产党短波电台播报的新闻。上海刚解放不久，得知津浦铁路已被解放军修复通车，我就迫不及待地回北京上学了，不久我就光荣地参加了中国新民主主义青年团，并荣幸地参加了新中国的开国大典，当时清华参加游行的学生每人都拿出一件白衬衫，全都染成红色，以表示拥护革命，拥护共产党的热血心情。

趁1948年上半年回上海休学之际，父亲支持我在上海学习绘画，每天夹着一本画册到张充人先生的家里去上课，最初练习铅笔素描基本功，就是在一张铅画纸上由疏到密，由细到粗地画直线，一会竖着画，一会又横着画，慢慢又进步到画长方体和锥体；后来又买了一个石膏头像回家比照着画。此后又学炭笔画、水彩画和油画；有时在家把水果、花瓶放在茶几上画静物写生；有时出外坐在马路边或公园里画风景画。反正画了好多，还常和爸爸一起讨论画画的艺术，我的绘画修养也有所提高。返校再上建筑系，毕业前作建筑设计，梁先生主持老师们集体评图我得了96分（那时得80分都不容易）。以后再放暑假，我回家发现爸爸挑选了一些我的画挂在三楼的小房间墙上。可惜这些画在"文化大革命"中抄家时全被"扫四旧"了。

第 3 章

一辈子在清华

工地课堂

采访者：在新中国成立之初，你们的学习迅速和时代的需求结合在一起了，很多时候学习就在工地上进行了？

李道增：是的，尤其是 1965 年以前，我的确大多是在工地上进行的工作。很多时候，通过实践才知道，书本上可以学到东西，实践中也能以不同方式学到实实在在的知识。

我记得解放之初，在毕业前的学习中，正逢国家第一次教学改革、学习苏联，将教学分为工程科类和文理科类。1952 年清华大学、北京大学和燕京大学根据当时的教育改革组织了一个三校建委会，进行基本建设。校舍分为清华一部分，为工科大学；燕京的校址为文理科类，改称北京大学。原北大从市里分到这两个校区来。我们学校的教师和高年级的学生一起到工地去实习，一栋房子算一个"工号"，从挖基础开始，一直到盖楼板，里面的装修全部由建校委员会自己组织队伍干活，因为那时没有建筑公司。工人都是从河北招来的，大家一起在工地上干活，这是很不容易的。在施工现场亲自动手，学生开始是什么都不懂，都要从头学习，要依靠工人师傅指点，怎么组织，如何进行，等等。那时候，周干峙同学和我同住一个宿舍，我们俩一起建校、他当第一教室楼工号主任，我做六工区政治干事。六工区包括清华大学校区内的很多工号，如阶梯教室、木屋架大饭厅、第 14-17 号楼学生宿舍、教师 1-3 公寓等，我记不清了。到了春节，我们和老师傅们一起聚餐。工人师傅们可都是拿着蓝色大瓷碗喝白酒呀，周干峙不会喝酒，也端着大白碗跟着喝，很爽快，但没有几下子就醉倒了，还是我在旁边扶着他找了个房间休息，一到房间里他就哇哇大吐了，我扶他休息一会儿再扶他回了我们自己的宿舍。其实学生们都很喜欢参加实践劳动，因为事情很具体、很实在，虽然干的过程闹了很多这样那样的笑话，可是学会了很多知识技术，到后来的设计过程就较少脱离实际了。

我们建校结束后回校再上课到毕业，我光荣地加入了中国共产党。我们班大部分同学都被分配到全国各地，周干峙去了建设部系统，关肇邺分配去东北教育系统承担国家急需而重要的工作，我和李德耀两个人留系做了助教。

1954年我和同班同学、系里党组织的领导刘小石又被分配参加清华大学的建校设计施工工作。我已被任作设计室主任，和汪国谕等老师设计的1-4号楼学生宿舍，后来还得了一个大奖。1954年那是教学改革学苏联以后，我在建校时管过施工，带着实习学生实习，管过施工作业计划，当过二工号主任。施工前需要编出作业计划书，怎么编呀？就带着几个来实习的同学石青等到景山后面军委宿舍楼施工现场，跟工地的师傅学，一点一点、一样一样地学如何把作业计划书按要求定出来。那个时候实行工程分解，分部分项尽量平行流水地施工，其实真一施工常常不是那么一回事，又得和师傅们一起研究解决。当时没有施工公司，自己管理，原来实行计时工资制，又没有工时工资的标准，就要实行定额小包工，1个木工多少钱，1个壮工多少钱，等等，都要定出来实施基建计件工资，这也需要学呀。因为需要根据这些安排估工人的数目。估工人多了不好，少了也不好；估少了工人吃亏，估多了学校吃亏。工人们很愿意改为计件工资，因为他们愿意多干快干的收入多，他们可以干得快一点而我们也需要。所以我们一下子就改了，改了以后完全用计件工资，又

得作业计划员来条子了，这个过程看来简单，实际很复杂。

还有那时候学苏联实行预制构件，然后在现场安装；打钢筋混凝土要支模板，我们正好赶上了春天大风施工，清华有很多柳树，风刮柳絮，钢筋上落了很多。工地有学生也有老师，建筑系的，土木系的施工监理，一看，哎呀，这么多的柳絮，跟石子搅拌在一起打到混凝土里去，会不会出问题啊？工人在旁边把什么都准备好了，要开工被拦住了。监理说为了保证质量不能开工，但柳絮对质量究竟有没有影响，下面该怎么办，大家也拿不出个最终意见。最后把清华建校委会的校长、留德的博士张维[1]都请来了，看了也没辙，只能建议拿吸尘器来把柳絮吸了，可有多少个吸尘器吸也不够啊。后来总算找到了一个钢筋混凝土的老专家，他一看，柳絮这个东西很虚啊，他说没事，这个一挤就没了，这样才开始打混凝土。你看，这样简单的知识，都需要实践经验和现场判断。

再后来在地基基础里做木模，木匠做的一些木屑掉在模子里了，技术总监要求把木楔子找出来，弄干净才能往下浇混凝土。那么深的基础，掉在下面了，用手是掏不着的，想了很多办法都解决不了。后来有一个师傅拿了一根木料，底下钉一个钉子，钉头冲外，往下一扎，一个木楔子就带出来了。就是这个很简单的东西，知识分子跟工人的差距就在这儿，有很多这种事情，学生感到参加实践是很

1　张维（1913 ~ 2001 年），固体力学、结构力学和工程教育专家。1929 年就读于唐山交通大学（现西南交通大学）土木工程系。长期从事结构力学和固体力学的教学和科研工作，曾三次参加我国科技长远发展规划并任土木建筑水利组组长和力学组副组长，推动了我国某些新兴学科的建立和发展。1944 年在国际首次求得环壳在旋转对称载荷下的应力状态的渐近解。后来在圆环壳方面做出了系统的开创性的研究工作。主编了《壳体文献汇编》、《力学丛书》和《世界力学名著译丛》等。1983 年创办深圳大学。1955 年选聘为中国科学院（学部委员院士），1994 年当选中国工程院首批院士。

李道增和石青结连理留念

重要的。因为参加实践经历多了，就不觉得什么都是问题。实行预制安装，楼板有重量，能不能水平运输再吊装……所有的事都要经过实际的、认认真真的考虑，每一件事，哪怕是很小的一件事，在实践过程中，你知道就知道，不知道就是不知道。每件事都是这样的。参加实践以后，大家这方面的知识增长不少，这比在课堂上讲施工组织规划更实际一些，也更能解决问题。理论和实践结合，在工地上解决问题，是非常必要的。我们参加实践以后，有一个感觉，不是什么都靠老师教的，告诉你一个方法怎么解决这些问题，下面就靠你自己去解决，在解决问题的过程当中，你自然什么都学会了。学生还是以学为主，调动学生的积极性，掌握了方法就应该实践，通过实践才可懂得学到理论后工作时可事半功倍，这个很重要。我很感谢领导们给过我这种好机会。

在1954年教学过程中，我结识了与我携手共进的伴侣——土木系来实习的学生石青，她是那么小，乖乖地向我要尺寸，去设计楼梯结构，以后又随我做施工作业计划设计，到外单位学习施工作业计划，共同工作，劳动中建立感情，开启了我们为事业奋斗的幸福生活。

采访者：注重实干教育，安排学生实习，这是当时清华教学的要求吗？

李道增：是梁先生包豪斯建筑学体系的要求，党的理论联系实际的要求，更多是时代的需求。解放之初的新中国百业待兴，一下子制定了五年计划，大的国家项目铺开了。当时教育改革也对学生提出了要求，就是压缩学制，办专科班，基础课少，主要学专业课，尽快从学校出来，到社会上去锻炼，承担建设的重担，从实践中缺什么补什么地注意实践和理论的关系。

为整顿当时存在的贪污、腐化等不正之风开展"三反五反"运动期间，也组织我们学生打"老虎"（老虎类似今天的贪污犯）。我们当时算的很多贪污款项今天看来很可笑。比如洋灰地面，我们找一个教授的住宅，在地面上敲一个洞下去，拿小钢尺一量，面层多厚，底层多厚，然后就按照施工图做法说明核查，原来合同定的是多厚，实际量出来是多厚，两者之间的差距，就按照偷工减料来计算。木料也是这样，我们一看是几级几级的，就定下来了，就以此判断他们是不是用次料代替好料了。这么计算和判断，谁受得了呀？当时开发商都怕了我们这些学生，见面都点头哈腰的。后来我们自己组织施工以后，才明白不能这么简单一算了事。所以后来也有退赔，就告诉他们，我们当时这样做是不对的。

采访者：您大二暑假就拿着介绍信开始实习，给中南海毛泽东、刘少奇等领导办公室设计暖气管道了？

李道增：是的。大学二年级的时候刚学完暖通课，系领导给我和周干峙实习开了一封介绍信，到中南修建公司去报到。我的任务，就是调查研究中央首长中南海办公室为什么暖气不热，是不是需要增加暖气片，要在冬天到来之前把暖气修好。我是学建筑学的，他们也不管，就觉得你还有一点知识，就交给了我这个任务。

采访者：当时就你一个人去了那里，然后就担起了全部的责任？

李道增：同班的周干峙的任务就是到中南海湖边一栋在建的两层新楼工地上当工地主任，施工过程直到盖起楼来，什么都归他一个人管。我的任务就是把所有的暖气管道都搞清楚，算出来要怎么安排。他们有一个包工头跟着我干，我一间一间房间调查完毕，窗户多大多小，画出图来。因为要算散热面积多少、散热多少，我就按照那个表自己调查研究，一步一步搞了。暖气片原来已经有几个，计算结果是散热面积大、给热面积小，就要算出来需要增加多少炉片，管径如何，管线怎么走，先通哪里再通哪里，过多久接一个"泄力"，让水流下去返回锅炉房，所有的东西都要画出来。那些地方我跑得烂熟，多少片都知道，需增加多少片都知道，挺有意思的。把图画出来，同时也算出来要增加多少个炉片，增加多少管道，管径多大，按时交给负责人。负责人和包工头一商量，担心首长房间的暖气不够，就把方案中暖气管的管径尺寸再加大一号，批准了就开始施工。我是暑假在那儿实习，实习完了就回学校了。后来听说包工头盯到工程交工。当时试烧炉子供暖，一点上锅炉，炉子的烟不往烟囱里冒而是反过来往屋子里冒，这把他吓坏了。其实这是一个经验问题，一开始烧炉子，冷的锅炉热起来有一个过程，压力不够，烟往里面冒很正常，等个十来分钟就好了。最终的效果还挺好，他们才松了一口气。开火那天没有要我去，后来他们告诉我说，一切都挺好。

我感觉干成一件事可以培养一个人的信心，然后开展工作就更顺利了。新中国成立后的教育方针是重视实践与理论的结合，我们学生也不像后来的学生那样老要靠老师，我们什么都自己干，胆子也大。新中国成立前的大学生还有谋生的问题，就更不用提了。那时候清华学生高年级和低年级的都住在一个楼里，有的还是在一间屋子里。我们宿舍有的学生要比其他人高出一个年级，有的是刚考进来的学生，大家都住在一起。当然，当时人也不多，校舍也没有多大。学习呢，就是老师教，同学也教，谁有能耐谁教。我因为高中的时候数理下过一些工夫、比较好，还帮好几个同学讲过课。

采访者：不少专家都谈到过，早年清华的实践对他们一辈子的影响，提到过清华的学风，提到了新中国刚刚成立时期的昂扬之气。您这里谈到的学生之间的互相帮助和教育，也是那个时候的特征吧。

李道增：梁先生的教育思想一直就是强调理论学习和重视实践，新中国成立前重视实践，新中国成立后也强调实践，这种思想我们还是比较接受的。我们当时的思想都很简单，个人也没想怎么样，很多事情，就是一定要负责任把实事干好。当时的学生都愿意往外面去看看，比如到鞍钢去看工业建筑，到哈尔滨一个刃具厂去参观。参观鞍山的二炼钢厂施工，不看真不知道规模之大啊。很多在清华帮我们施工过的工人，后来都去了那里工作，在长春的第一汽车厂那里。听他们说，原来在清华都是没有专业的，他们到了那儿之后都是当了什么头头和工长之类的，他们很有自信。我们以后去参观，他们非常热情地接待我们，好像自己原来在清华呆过和我们有一段友谊。他们原来是从农村直接到清华来工地干活的，到了第一汽车厂工作，他们都信心很足，干劲很大，那真是一个使人发挥积极性、创造性的黄金时代。

执教清华园

采访者：您是 1952 年在清华建筑系毕业的，之后留校执教至今？
李道增：是的，一直就在清华教书。

采访者：那是共和国刚刚成立不久的时候，是国家建设的火热时代。国家建设的需要决定人们对工作甚至生活的选择，都不完全是自主的。这期间，不管您是参加清华园的建设还是中南海暖气的改造，甚至包括您后来参与国家大剧院的设计，基本都不是您自主选择的结果，而是时代的需要。现在我们非常好奇，在那个时代，您对那个时代的这种无可选择的处境是否有过犹豫，或者说，对您自己今后的从业方向有没有什么想法？

李道增：可能没有吧。我这一辈子没有说我自己想做什么，而是组织领导要我干什么、什么任务来了，我就做什么，接下什么样的任务——过去都是重要的任务，然后干什么我就钻什么，一钻就进去，兴趣就来了，然后任务也做下去了。

那时候是全心全意跟党走，蒋南翔任校长后提出了"又红又专双肩挑"，大家相对来说都是比较单纯的，大都没有别的想法。尽管经常受批判，不是很顺当，但是批判完了，你要是可用还是用你。你看1954年建校，我也是设计负责人——因为梁先生在国家已经是大师了，我也跟着检讨啊，那个检讨也是挺严格的。把问题上纲上线，问题严重到清华建筑系跟不跟党走的问题，因为建筑系的学生当年都不理解，梁先生怎么就反动了呢？不理解，检讨也做不好。那个时候，我好像因为是党员，是第一次写检讨，其实是很苦恼的。尽管有这样苦恼的阶段，我还是努力想通并在工作上热心扎实地干，而且不断地往前干，一门心思、没有自己的想法什么的。"成名成家"是要批判的思想，在认识上跟资本主义割裂后，年轻人肯定都向上学好，就不会去想着个人成名成家了。改革开放以后，我仍跟不上这个成名成家潮流，也没有自己经营，没有去竞争，也就没有什么事了。

采访者：那样一个特殊时代，国家的需要是真实的，个人的服从也是真心的。但当时做建筑师还是很辛苦的？

李道增：是啊，很多时候，付出了心血却未必能真正地转为成果啊。中南海实践了，参与了建校，之后的1954年秋，我就接着去朝鲜做志愿军纪念碑，我们带着雕塑家就去了，枪林弹雨的环境下，画了半天却又不盖了。

采访者：去朝鲜做纪念碑设计的经历，能给我们讲讲吗？

李道增：那时候我刚刚留下来做助教不久就参加1954年建校，刚刚结束时，就通知我参加去朝鲜做志愿军纪念碑的设计，当时一共调了三个人，清华大学一个就是我，建设部的一个是杰出的建筑

和设计朝鲜志愿军纪念碑的同伴、建设部副部长戴念慈在某会议时合影

师、艺术家戴念慈，另一个是北京市搞规划的。

三个人去朝鲜干什么呢？就是要盖三座志愿军烈士纪念碑。这是中央军委的决定。戴念慈到新义州，那是刚刚过了鸭绿江的地方；我到元山，是在朝鲜东面靠海的地方；北京规划局的那个同志岁数比我大，到开城。另外还调了三个艺术家。我们六个人去朝鲜考察后先集中在西边沙窝的解放军的宿舍里，我们一人一间屋子，派了一个军委的团级干部来领导我们。

我们去过三次朝鲜。第一次到朝鲜的时候，到处都是炮弹坑，路上还有很多美军坦克，炮身朝北，车头朝南，那是逃跑时的态势。有人说紧张的时候，修路时连卡车都不要了，装满石子，连卡车带石子一起扔到弹坑填起来成为运输线，不然你没有后勤运输，前线怎么打仗？我们还看到很多的运兵车。

到了那里开展了一些现场画图，现场照相工作。那时候我们接触朝鲜老百姓，发现他们都喜欢志愿军，为什么呢？原来志愿军严格执行三大纪律八项注意，群众关系搞得很好。我们吃过朝鲜的饭，大铜锅做的，饭特别香。朝鲜的米又长又大，特别好。去那里感受一下还是非常必要的，因为你不到那个现场去，你就不知道具体的情况。朝鲜老百姓晚上还联欢跳舞，小学生都很艰苦，到冬天了还穿凉鞋，走在雪地里。朝鲜人民军也是非常勇敢的。

采访者：纪念碑的方案做出来了吗？后来怎么就不建了？白辛苦了一场，你们能接受吗？

李道增：纪念碑设计做出来了。国家领导经过研究，又觉得在朝鲜立起纪念中国志愿军纪念碑不是很好，决定不建。我们当时觉得不建是有道理的，不建就不建了。这在我们设计者们很简单，至于如何给朝鲜交代，那不是我们能管的事情也就不想了。

采访者：您在清华奉献了一辈子，您对清华有着什么样的特殊感情呢？

李道增：从考进清华大学转入建筑系的第一天起，我就感到梁先生办起建筑系简直是一个极富人情味的、温暖的大家庭，梁先生像是这个大家庭中德高望重人人敬仰的父亲。我们受着梁思成先生的启蒙教育，学术体系从平面到空间的现代主义建筑，重视适用和实践的新体系，理论观点是十分基本、纯正、经典而全面的。梁先生给我们打的基础很深、很厚、很正宗。

再说清华从以庚子赔款建校开始，就是一个中西方文明的混合体，生活在兼具中西特色的清华大学，不管在兴趣还是学识、经历上，我对中西方传统与现代文化逐渐有了了解和认识。中国文化倾向于宏观、整体思维；西方文化更善于作深入的微观科学分析。中西方文化各有所长，互为补充，中国处于弱势，不会排斥西方，因为西方

制定 12 年科学规划时，与周恩来、梁思成等在一起，1955 年

在制定 12 年规划时梁思成与秘书李道增、林志群合影

的科技文明在人类现代化发展过程中起到了史无前例的作用。中国与西方是平行发展的两种不同的文明，中国文明在近代科学方面虽然落后了，但却延续了五千年从未中断过，在文化方面有丰富的积累。国际上西方文明受"西方中心论"的影响很深，以西方为主，尚存排斥其他非西方文化的阴影。在这个问题上，我认为清华应有自己的看法和传统。这个传统即是"融汇中西方思维之精髓有特色的创新之路"。

我就是在清华的这种环境中耳濡目染，由青年、中年成长直到老年不断累进、叠加，认识逐渐深化和丰富，每个阶段增添一些新思想、新理念的过程形成学术思想，我不会去"复古"，也不会"全盘西化"。

我毕业后不久的另一段不寻常的经历就是国家的 1956 年发展计划和参加国家十二年科学技术发展规划。前者是当年的建设规划，后者是国家长远的发展规划。这个对于国家尽快实现现代化是很关键的，后来中国的导弹、原子弹等，都跟这个发展规划大有关系。那个时候都是上面一点名，就抽调出去一段时间，参加了国家编制十二年科学发展规划，当了土建学科主任委员梁思成先生的秘书，我和同班同学、好友林志群生活在梁先生身边，聆听国家有关领导和委员们研究编制国家宏伟的科学技术规划。这也是我以后一辈子在清华报效母校的动力源泉之一。更令人难忘的是在梁先生身边，感受他那深沉、无以言表的爱国心，和他教我做人做学问，通过广泛观察、聊天，随时随地学习和奉献的精神。

采访者：您在清华，印象比较深刻的事情还有哪些？

李道增：还是学苏联的理工分校不加分析盲目学苏这件事情。那个年代批判梁先生，是一件很大的事情。我们当时接受了梁先生引进的建筑学前沿包豪斯的教育体系，可是苏联专家一来就说包豪斯完全是英美的，资产阶级的东西，我们学生背后都不认同这种说法，背后议论，这个事老有矛盾。建筑系的党员也很难，心里想的是当时西方这个比较合理，能解决实际问题，可是又想苏联的是社会主义，学苏不学苏当时可是一个立场问题！实际工作中经常会碰到这个问题，思想也很疑惑，我们检讨过多次。建设学生宿舍一、二、三、四号楼，差不多所有师生都赞成采用民族形式大屋顶，因为那时缺乏防水材料，采用平屋顶防水问题不好解决。梁先生和老师们提出采用"人字屋架"较轻，节约材料，采用坡屋顶防水问题好解决，所以我们不承认是复古主义的。可是蒋南翔的意思很简单，就是要做成一个像北京农机学院那样一种用过火砖砌楼房的形式，实际上他们的楼房屋顶不像我们的楼房屋顶面积那么大而建设资金又那么少。

当时采用了民族形式的屋顶，还做了人字屋架，屋顶不像传统大屋顶那么重，还利于排水、省造价，后来结算是不超过造价。那个工程锻炼了我们，我们自己到东北拉木材，自己到农村招工人，砖工、瓦工、木工，自己盖工棚给工人住。搞预制楼板安装工程，我们清华是国内第一个，好像是很简单的一块预制板，可是实际上也挺重视，两人抬，机器怎么运到上头就位也很困难，都是工人师傅和我们学生解决的。这些实践锻炼了我们。

后来搞批判，上纲到路线问题是很尖锐的，选择哪种建筑形式关系到"建筑系跟着中国共产党走，还是跟着蒋介石走"的问题。后来系里的书记都检讨了。梁思成可能也是在政协会上做了检查，就算过关了。我们都纷纷做了检讨。以后这个问题也没有解决不解决的问题，反正有没有搞清楚都已经过去了。

采访者：您一辈子在清华，有什么样的感受？有没有想过离开清华，到外面去发展？

李道增：也没有动过想出去的念头，好几次机会都可以出去——出去有可能自己发展得更好一些。比如说1979年我随加速器代表团去美国考察，姐姐就很希望我在美国攻读一个博士学位，可以留在美国干点什么，我没有听她的。

我很理解姐姐的一片好心。1979年1月，她一见我到美国，就和姐夫热情地招待我们代表团，给我买了照相机、彩色胶卷、幻灯机（当时在国内是不敢想象的）以及画图纸、笔等一切必要的工具，使我在这次考察中获得做梦也没有想到的收获，我很感激他们。但是，我一想到美国在建筑学中引用环境、行为等心理学学术，感到梁先生当年教我们的形体环境学又向前发展了，一想到在美国收集到了那么多的剧场建筑史、设计技术资料，都是国内教学当中很需要的，是我们国家现代化需要的，我必须回国赶快翻译出来，用到我们的教学中，所以我没有听她的。1979年3月，姐姐把母亲接了出去；1980年资助大儿子李持去读大学，小儿子李跃也靠考托福去读硕士；爱人石青几次因公务去美国，我也多次去美国，自此期间，去不去美国做事的话题时隐时现，但我没有动过心思。

再比如上海城市管理学院成立后，也曾希望我去。"文革"后有些上海人都设法调回上海照顾老人，我父亲去世后，母亲孤身在上海，她很需要子女的照顾。我从小在上海长大，论生活习惯更适应一些，但想到是母校培养了我、学校需要我，我就没有多加考虑了。又如深圳开发之初很需要人才，新的天地也更利于个人发展，清华去深圳办学也需要人，这些都是机会，但我并没有动脑筋。

虽然在清华时时有压力和不顺心，但我这个人骨子里就觉得是清华教育培养了我，我所从事的事业是国家需要的，我就有这个情结留在清华。没有去谋个人发展，反而得到了发展。1978 年学校提拔我做系副主任，1983 年升了系主任，1988 年校领导肯定我较早地和国际接轨的成绩，提拔我做建筑学院首任院长，以后担任学位委员会、学术委员会委员等职务，给了我发挥积极性的平台。是啊，从 1979 年开始到 80 年代的十年间，在岗位上，我较早地出国考察访问，先后去了美国，欧洲的法、英、意大利、瑞士、奥地利和比利时，以后又接受香港大学的邀请，引荐新加坡、泰国等国建筑学术成果，在台港澳三地访问交流，接着和日本进行友好往来、学术交流；非洲的利比亚为了培养高级管理人才还派人来攻读我的博士生，接待了我们两个代表团。

这些机会给我创造了引进国际前沿学术和与国外接轨的条件。那些年我把看到学到的东西夜以继日地翻译处理，用于教学，引进了环境行为学、西方戏剧剧场史和剧场设计技术，招收研究生；开拓了贝克莱大学和清华的长期友好合作，为我国与国际建筑师协会建立关系、实施注册建筑师制度和建筑学学士学位制作了铺垫；聘请、邀请国外名建筑师来校交流，与国外名校互访，联合培养研究生，外国学生办学习班，等等。

不去发展也许是更好的发展，学校提拔我做系主任、院长，1990 年退下来的时候，我没有为自己留什么职位，我做的最后一件事情就是把建筑设计院跟建筑学院合并，我的指导思想就是在学院教学岗位上，一定要接触学术前沿，就是理论要发展，然后指导实践，有了实践，设计才会做得更好。而学院的理论到实践当中来应用，指导实践，就可以得到进一步的验证和发展我推荐院长人选，是胡绍学。这项建议实现了几年。

回顾我一辈子在清华参加劳动、"四清"、"文化大革命"、下放锻炼、改造思想等，一步一个台阶地服从领导安排从教研室秘书、教研室室主任、系副主任、系主任直至院长，做过的主要学术技术工作如指导已获学位的研究生论文、撰著及合著、搞建筑设计等。回想自己一辈子在清华教书育人、设计科研、行政管理几十年，虽然波浪起伏、坎坷丛生，倒都是一心一意地跟着国家脚踏实地、力奔高端的。回首往事，我没有虚度年华，只是力争不碌碌无为。

李道增指导的研究生论文目录

一）博士	作　者	年　限
1）旧城整建中整体性和历史连续性问题的研究	张　华	1990 年
2）建筑策划论——设计方法学的探讨	庄惟敏	1991 年
3）走向新平衡——北京旧城居住区的改建更新	何红雨	1991 年
4）立足经济：江浙小城镇规划建设中若干问题的研究	王丽方	1992 年
5）战后西方戏剧和剧场建筑研究	傅英杰	1996 年
6）当代全球性城市中央商务区规划理论初探	李　沛	1997 年
7）购物中心开发与设计研究	刘念雄	1998 年
8）当代可持续建筑理论框架与适用技术的探讨	王朝晖	1999 年
9）县域小城镇生态示范区初探	汪　芳	2000 年
10）中国现代剧场发展研究	卢向东	2005 年
11）西方现代建筑运动的三个案例——一种建筑现代性研究	范　路	2006 年
12）大事件对巴塞罗那城市公共空间的影响研究	戴林琳	2007 年
13）中国遗址博物馆建筑研究初探	崔光海	2008 年
14）市场经营下我国剧场的类型重构与设计更新研究	王　悦	2011 年
15）当代西方演艺建筑混合使用趋向及对我国的启示	彭相国	2012 年

16）李小妹

17）薛　峰

18）李守旭

博士后

程　翌

二）硕士

1）伸出式舞台研究	王亦民	1982 年
2）环境—行为研究初探	胡正凡	1982 年
3）国际会议中心设计及可行性研究（含剧场）	方　兴	1986 年
4）二十世纪上半叶中国剧场浅探及中国儿童剧场翻建设计	张　华	1987 年
5）戏剧表演空间形式的转换	梁　进	1988 年
6）建筑形态与新地区主义	于立方	1989 年
7）家－居住形态的研究	杜　昀	1991 年
8）现代表演艺术中心建筑方案探讨	傅英杰	1992 年
9）当代演出建筑的多用途使用与适应性问题研究	范　强	1994 年
10）日本的戏剧和剧场概述	卢向东	1994 年
11）中国城市零售商业建筑的演进	刘念雄	1996 年
12）西方音乐厅简史及其近代发展	王　敏	1997 年
13）四川山地建筑研究	代　静	1998 年
14）上海大剧院使用后评析	许　瑾	2000 年

著书目录

《西方戏剧、剧场史》(上册下册,合撰)	清华大学出版社,1999 年
《环境行为学概论》	清华大学出版社,1999 年
《李道增文集》	中国建筑工业出版社,2006 年
《李道增选集》	清华大学出版社,2011 年
《模式语言》(上、下)(美·亚历山大等著)(王昕度、周序鸿译,李道增、关肇邺、高亦兰、刘洪宾审校)	中国建筑工业出版社,2002 年
《神居于形——新天桥剧场创作》(编)	清华大学出版社,2004 年
《后现代主义建筑 20 讲》(薛恩伦 / 李道增著)	上海社会科学院出版社,2005 年
《庭院与气候》(审校)	中国建筑工业出版社,2005 年
《建筑画的构图与技法》(合著)	中国工业出版社,1960 年
《民用建筑设计原理》(合著)	清华大学土建系,1963 年
《中国会堂剧场建筑》(主编)	清华大学土建系,1960 年
《国外剧场建筑图集》(主编)	清华大学土建系,1960 年
《2300 座剧场设计总结》(主编)	清华大学土建系,1960 年
《剧院建筑设计手册》(主编)	清华大学土建系,1960 年

主持建筑学院工程奠基

建筑学院研究生们及家属为庆祝导师 80 寿辰汇请关肇邺先生、季元振先生，朱文一、边兰春、庆惟敏、郭逊先生等嘉宾合影（2010 年 1 月，摄于建筑馆前）

研究生们及家属庆祝导师李道增先生 85 岁寿辰（2015 年 1 月 18 日摄于新清华学堂贵宾会议室）

第 4 章

剧院情缘

结缘剧院

采访者：好像您在很年轻时，从 20 世纪 50 年代起，以后您几度参与国家大剧院的设计工作。您能讲讲您和国家大剧院的情缘吗？

李道增：那是 1958 年新中国成立十周年前夕，由周恩来总理建议，国家大剧院项目提上日程且列入庆祝新中国成立十周年十大工程计划之内，在全国展开设计竞赛。

周总理要求，国家大剧院要让参加人民代表大会期间的代表们观看演出，每个人都要有一个座位。当时全国的人民代表有 3000 位，因此提出要有 3000 个座位。地点是指定的，规模也指定了，还指定观众厅要梨形的。我们作了方案设计和 1/20 的观众厅模型，有 3 米多高，屋子里都放不下了，就在院子里盖起来。观众厅的椅子也做出来了，都是把电子装置设定好以后，根据无线电的发声情况测定效果，然后做出来的，功夫下得很大的，能保证每一个点的良好声音效果。

周总理曾经留学法国，提到大剧院是国家的艺术殿堂，代表国家的科学技术水平，他知道国际著名的巴黎歌剧院，但那时我们什么都不知道，歌剧什么的也都没有看过，那时候还没有《红色娘子军》，还没有芭蕾舞，苏联的芭蕾舞还没到这儿来演过。所以我们茫然无知。我们就找文化部搞舞美的人员，也就是那时候我才了解戏剧界的，知道一出戏要搞出来，还是很不容易的。

采访者：您当时怎么接受了这个任务？

李道增：我接受这个任务，也是碰巧。我们系里头我也算搞过五道口那个小剧场的，当时很多人一起做，我也参加了调研，事先研究了剧院功能要求，就是因为我搞过这个剧场，后来任务一来，系领导就让我带领高班同学参加国家歌剧院项目的竞赛，因为各个单位都要参加，北京建筑设计院、建设部建筑设计院、建设部建筑研究院、清华大学、同济大学、南京工学院等都参加了竞赛。其实题目很简单，就是三千人的大剧院，要梨形的观众厅，周总理还有周扬等文化部领导人都喜欢这种形式。然后就下达任务，要求各个大的单位两个星期就把国家大剧院方案拿出来。这是周总理一手抓的，国务院秘书齐燕铭同志直接找我们清华大学校长办公室要求的。那时候我们年轻，做了大量的调研后就没日没夜地做方案，各个单位都是这样。

采访者： 当时是您带着队伍设计的？您也就二十多岁，您在这个团队里具体负责什么工作？

李道增： 我当时 28 岁，带着系里十几个毕业班的学生参与了设计竞赛。我是事无巨细，什么事都得干，大家都是一起的，效率很高。

当时清华建筑系年长的搞设计的老师如汪国瑜、王炜钰等分别参加人民大会堂、革命历史博物馆、美术馆、科技馆等的竞赛项目，高班同学都在参与人民大会堂等项目，黄报青在领导建学校的土电厂；吴良镛、朱自煊等搞规划的老师们在执行毛主席的人民公社去河北省徐水县试点工程了。能够抽得开身的，好像就只有我和年长的辜传晦老师了，系里就从 1959 年的毕业班抽调田学哲、张嘉章、胡绍学等十一二个人，让我领头做国家歌剧院参加竞赛。我不管什么，要干就干，反正不后悔。大剧院的地址和大会堂在一起，我们当时就一起先参观人民大会堂。当时我们老师、同学先设计方案，怎么才能够取胜呢？我们就从核心部分搞起，先设计观众厅，然后是舞台，画了好几个方案。

当时我认识的戏剧界的人士还算比较多，因此也多方去和他们联系，了解一些情况。第一个了解的是李畅（后来才知道他原名李道善，也是安徽合肥李家"道字辈"的），他在中央戏剧学院教书。他曾经随团出访欧洲，带回来一些关于剧场方面的信息。据他说，搞舞台美术的艺术家普遍喜欢用品字形舞台，就是当中一个大的舞台，两边两个侧台，后面一个转台。他们到德国去参观时，德国人也说，这种机械舞台效率最高。我们就比较相信他介绍的，我们再从文化部别的一些人了解，都是这个意见，舞台演出的演员也赞成这种舞台形式。因为那时候"大跃进"什么都要快，我们就用了品字形的舞台。为什么我要说这些呢？就是因为我们的观众厅是梨形，这个符合周总理的要求，品字形舞台也符合戏剧家的要求，这个布局，也符合文化部搞戏剧演出的人员的胃口。这是我们多方调研，从那些从国外回来与剧场演出相关的各界人士那里获得的结论，而其他设计院不太知道这些。

我拿定了主意就是：既然艺术家们都说这个好，那就用这个。这个定了以后，等于大局确定，平面大体上也就这样了。其他的就又设计了几种建筑形式配合着出来了几个方案。

采访者：就是说您抓住了主要的功能和特点？

李道增：别的参赛单位没有做出这种方案，我们的就显得比较突出。其他单位，有的搞现代派的方案都未被看中。

建筑造型也是个疑难问题。那时候中央提出来建筑造型要搞民族形式，可是建筑师们都不敢搞，因为前不久刚刚批判过复古主义。万里在建筑界讲了话，说在国庆工程中民族形式等可以搞，我们大家思想才解放了，这是很关键的。我们设计的立面一开始就想到了不搞大屋顶而采用露顶平屋顶，檐口采用黄绿的琉璃，当然不是大面积的，这个也主要是参考了西藏拉萨建筑的味道，露顶一层一层的檐，大体上高度符合长安街规划要求的 33 米。因为国家大剧院是国家的项目，层级比长安街高一些，这样看起来也比较宏伟。立面的形式还融有点西洋古典式的，和中国的琉璃瓦一结合，建筑造型味道有中有洋，在当时显得很新颖，以后历史博物馆的方案中都被采用。那时我们做了一个模型效果图，先是把图贴出来，然后把大模型往那儿一放，就交上去了。哪知道评委们看了，正合他们的想法，一评就给选上了，把我们高兴得不亦乐乎。而别的单位大专家们多，虽然也比我们懂得多，方案却未被选中，可能我们方向选对了。当时我们还没有来得及画观众厅的渲染图，就是平面、立面、外形和模型，仅此而已，我们同学知道方案被选上都更来劲了。此时全系也支持组建了声学等的技术实验室。

采访者： 接触戏剧界做这些调研，还做后期的设计图，也就是在两周内完成？

李道增： 是的！那时人们的思想面貌是现代人们不理解的，可我们就在两周之内完成方案设计这项参赛任务的，结果中央就把大剧院的设计工作正式委托给了清华大学。建筑设计也就由我们这个设计组承担了。

当时学校还没有设计院，校长蒋南翔魄力很大，为完成大剧院全面设计，就决定调动建筑系、机械系、电机系、土木系、自动化系等三百名精兵强将，全力投入这个大项目的设计，向国庆献礼。大家都干劲十足。那时候没有电脑画效果图，全部是手画渲染图，用水彩渲染天空。我们买了吹风机，吹头发用的吹风机，边画边吹干，为了连夜把渲染图赶出来。因为第二天要着急交图。那是有人想到用吹风机的，晚上想到的，说买就买，学校也支持，到全北京城去找这个吹风机。后来发现吹风机挺好的，渲染的天很亮，出来效果很好。大家交流，我们的消息传出去了，北京院也跟着用。虽然大家都争第一，我们没有一点私心杂念，就是拼命干。

在1958年大剧院方案设计成功的基础上，中央军委也提出要建造一座解放军大剧院。我们方案组增加了1960年毕业班的同学，军委决定把这个设计任务也交给了我们，按照要求设置机械舞台，观众厅2300个座位，建设地点选定在东西长安街向西延长的现已建成的中央军委大楼的位置。

由于它已离开天安门广场一些路段了，所以我们将造型设计得更加新颖一些，这也正符合国家军委领导的心意。经过几个月的设计，我们完成了从方案到施工图的全部设计。

在设计大剧院过程中还遇到了一个情况，就是当时中央音乐学院有一个小建筑，是在古老建筑后面盖一个供内部使用的音乐厅，存在混响时间不够的缺陷，特别是低频的混响时间不够，声音不够丰满。总理平时也老说，在人民大会堂哪一个厅里头看戏，最好的座位就是八排十排，离舞台比较近的地方声音比较小，因为音响反

1958年国家大剧院方案设计效果图

1959年解放军大剧院方案设计效果图

周总理观看清华学生送交的国家大剧院和科技馆设计图

蒋南翔校长等领导观看国家大剧院模型

射声都反射到后面去了。科学院的声学专家马大猷先生也不知道这个事情怎么解决为好。我们就和音乐厅的同志们共同分析原因和改进办法，并派了两个同学帮中央音乐学院解决问题。就是在中央音乐学院的这个小音乐厅中，我们想了一个简单的好办法。我们发现此音乐厅的天花板都是用带一点点弯曲的薄木三合板，一块块拼上去的。当剧场的声音从厚厚的墙壁上反射过来时，薄薄的三合板就会吸收低频的声音形成共振，所以低频的声音老出不来，音响也就不够丰满。针对这个情况，我们在墙面贴上木板，天花板也做成木板的，不是用薄的三合板，因为三合板很薄，振动很厉害，我们还在木板上面抹上树脂，把细沙铺上去，粘在上面，这样板子厚了一些，增加了重量，表面又粗糙了一些，反射音更多，振动也减少了，自然也减少了吸声。我们就用这个土办法在中央音乐学院音乐厅试了一下，结果很好，音乐家们一听也觉得很好。这种材料对声学的影响也是很多人都知道的，怎么就没想到这样简单的办法呢，这是后来他们都说的。

采访者：您第一次做的方案后来没有实施。是什么原因？

李道增：1960 年中国遇到了严重的自然灾害，最终因国家经费有限，已设计完成的国家大剧院、解放军大剧院、科技馆等项目被迫下马。在"文化大革命""十年浩劫"中，由清华三百强将精心完成堆得像小山似的图纸，也被造反派烧了个精光……

数度设计

采访者：您1991年又第二次参与了国家大剧院设计？

李道增：对，因为周总理生前曾给万里总理留过托付，说是以后国家经济好了，还是要把图书馆和大剧院都盖起来。在图书馆建了以后，建大剧院的事又被提出来了，国家计委下达文件，同意组织这个项目的可行性研究和技术经济论证。文化部为此专门组成了国家大剧院筹建办公室，开始组织队伍连夜上马。指定由清华大学、北京建筑设计院、建设部设计院共同"会攻"。我代表清华大学设计了方案A。那时候我已经掌握了国外的演艺中心的情况，设计的不再是单体的大剧院，而是一组集中设置了歌剧、戏剧、音乐厅三个剧场的演艺中心。但是不久这次计委的规划又没了结果。

采访者：还有第三次、第四次吧？

李道增：大剧院的第三次是1999年末，党的十五大再次提出建设国家大剧院，学生们听说北京市领导有意让北京市建筑设计院承担。建设部设计院和我们也都想参加，于是北京市委决定先由北京市组织一次方案竞赛，主要就是北京建筑设计院、建设部设计院和清华大学三家。当时胡绍学教授组织了一个设计组，我和我们教研组组织一个设计组，共两个组代表清华参赛。我主持设计方案时想到了1993年在美国讲学时参观肯尼迪中心过程中的一个经验：我曾问陪同我们参观的该剧院两位副总经理有何"经验"可以借鉴，他们说："千万不要因为追求建筑的气派把歌剧院、戏剧院和音乐厅这三个剧场放在同一个屋顶下！否则在利用任何一个剧场时，公共部分

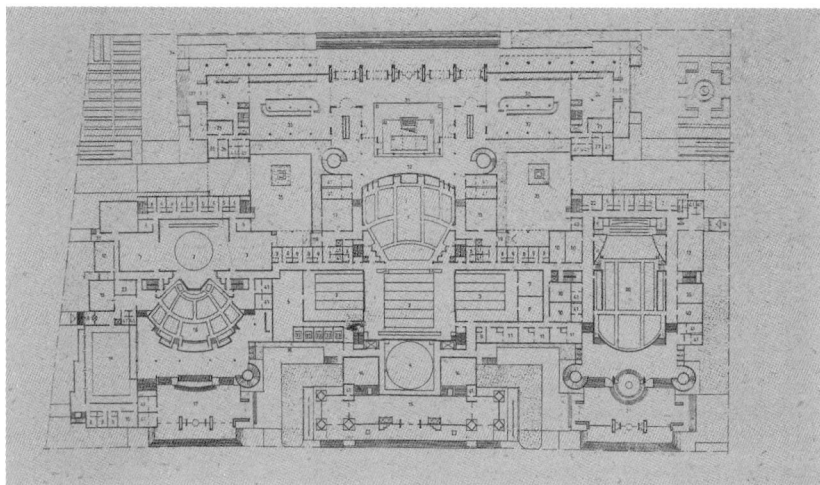

首层平面图

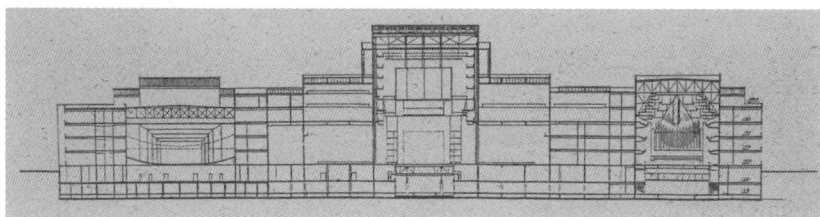

东西剖面图

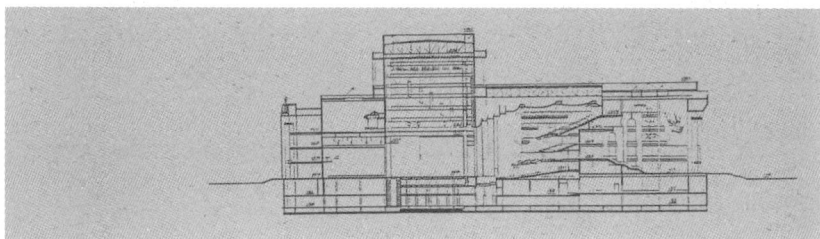

南北剖面图

1991 年国家大剧院可行性研究模型鸟瞰图

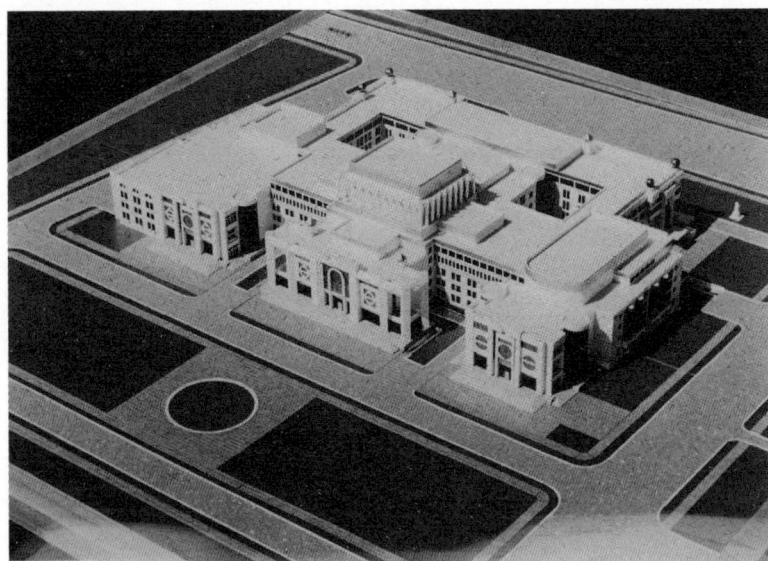

1991 年国家大剧院可行性研究模型图

1997年国家大剧院模型图

1997年国家大剧院局部细部效果图

都要开空调和照明等设备，能源浪费极大！"所以在 1997 年的方案中，我没有把三个剧场放在共同的大厅里，而是设计成了既可单独使用又可合并使用的结构布局，以期大量节省空间和能源，这也很契合当时我国的节能理念。而当时评选会议的结果是：北京建筑设计院的方案摘得了头奖，清华的两个方案也都评上了。当时参赛的人员都清楚，评选前宣布的规则是每个参赛单位各出五位评委（包含参赛者）。评选结果北京市建筑设计院的方案却获 10 多张票，明显是北京市参加竞选会议的代表都投了票。另外也可能是当时国内对"特大厅堂公共空间"气派的热衷追求。

第四次就是 1998 年的国际邀标赛。这次是国家竞赛，由朱镕基总理主抓，在招标之前文化部的"国家大剧院筹建办公室"领导和北京市规划局领导、专家们拟订了招标任务书，其中心意思是国家大剧院建在天安门广场，要与广场的建筑物协调，方案要能看得出是"中国的"，是"首都北京天安门的"，既要符合中国建筑文化，又要体现"时代气息的"标志性。

采访者：1998 年的国际竞赛最后确定了方案并实施。您能谈谈竞赛情况及您参与的情况吗？

李道增：1998 年国家大剧院国际竞赛招标开始时设立了"业主委员会"及其办公室和两个工作组（专家组、技术组）。专家组负责评选出三个优秀方案报送中央领导，由 8 名中方专家（主任吴良镛）和 3 名外方专家组成；技术组负责审查方案的功能、符不符合北京市的规划，然后交由专家组评委使用，由文化部和北京市的规划专家组成。

这次竞赛国家邀请了国内外17家设计单位参加，另有19家自愿参加，共计36家设计单位。清华大学报出三个方案组：胡绍学和清华设计院的一个组，徐卫国等一个组、我和我们教研组一个组。1998年4月13日开标，要求各单位运作3个月，于7月13日收标，共收到44个方案。方案完成后在历史博物馆展出，听取各界专家和群众意见。

我们设计组按任务书要求，就在1997年设计的方案基础上作的方案，很快就完成了第一轮参赛方案的设计。当时的设计构思主要是：我认为中国的大型纪念性公共建筑布局都讲究"对称"，所以第一轮参赛的方案是一个歌剧院居中，音乐厅和戏剧院分设两旁的"对称"方案。此外，在我看来，故宫、天安门已经是存留在世界人民心中的"中国标志"，已建成的人民大会堂、国家历史博物馆等辅助完成的天安门广场的那些建筑，共同组成了广场的"主角"。若再建大剧院，就要强化和衬托那些"主角"，不能去"夺"它们的光彩，因此新设计的国家大剧院应处"配角"地位。但是它还要是一座艺术殿堂，要"近看有形"、"远看有势"、"要有细部"、"要耐看"，整个建筑要体现真、善、美，而不设"虚假空间"。更重要的是要做成艺术殿堂，而非只是新奇的"摆设"。按照上述理解，也为了体现现代气息，我们在设计剧场的围护结构时采用了玻璃的围护结构。参考国外剧场屋顶经典做法，设置了小的雕塑——和平鸽。最终的方案在构思上贯彻了标书中任务书的要求，在功能、技术上合理且完全符合剧场的使用需要，也符合北京市城市规划。

评选前后，有些方案一显形就引发舆论的哗然大波，因为看惯了规规矩矩中国建筑的老百姓，看到"奇型"、"异状"的大剧院就

1998 年国家大剧院效果图

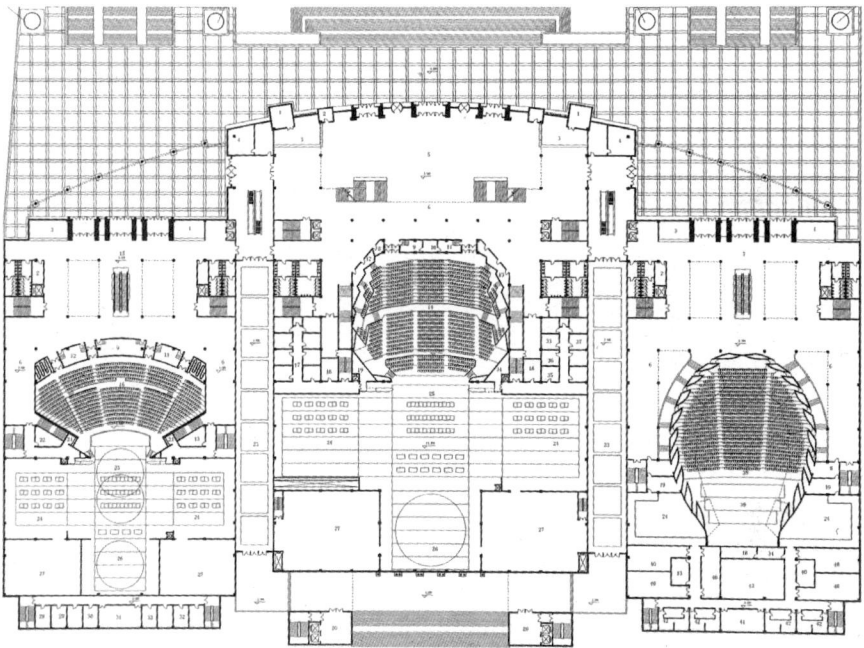

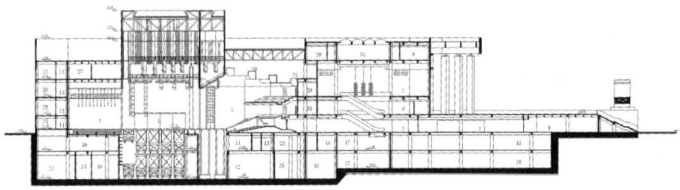

2-2 剖面 SECTION 2-2 1:300

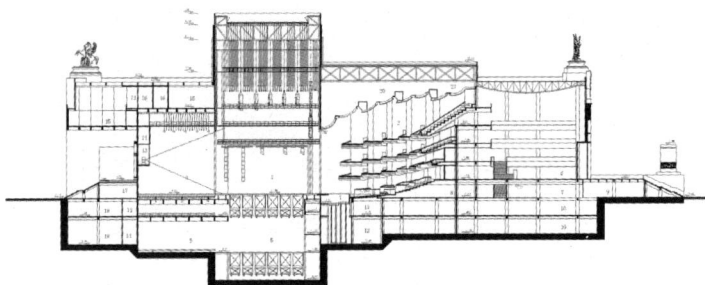

1-1 剖面 SECTION 1-1 1:300

中国国家大剧院建筑设计方案　　THE DESIGN SCHEME OF THE NATIONAL GRAND THEATER, CHINA

Beijing, CHINA　　　　　　　　　　　　　　　　　　　　　July 13, 1998

1998 年国家大剧院部分平面、剖面图

议论纷纷，说什么这个像"火锅"、那个像"坟墓"……"看不惯"。业主的意图明显是支持这些方案的，说某领导说"看不惯多看就看惯了"……接着业主委员会要求各单位修改方案再做。以后几轮的方案修改均未曾提及任务书的要求，而主要是突出方案"标志性"、"国内外所没有的"。修改方案时的第二轮，我和胡绍学共同主持，共同讨论并征求吴良镛先生意见为"方案要像什么有个说法"，因为那个阶段我多次犯晕摔跤住院，以胡绍学为主第二轮做了个"布局在九宫格中的方案"。按业主要求以后又试过两轮。共修改过五轮方案，领导对各单位设计的都不满意。

采访者：您最后一轮的方案是什么样的情况？

李道增：1999 年国家大剧院最后一轮竞赛上报中央领导的设计方案是据业主委员会的正式通知要求，将国家大剧院的位置进一步南移至其东西轴线与人民大会堂东西轴线取齐。任务要求同前。

由于给我们组的期限极短，日夜兼程也只能把最主体的部分设计完成，外环境只是虚化了。

因为选报方案前，建设部的劢兵先生代表业主通知我们：中方设计院必须与外方设计所合作联合署名报送方案，建设部院已经和加拿大卡洛斯·奥特建筑师事务所合作、北京设计院和英国塔·法若建筑师事务所合作，你们就和法国巴黎机场公司合作吧。实际设计时中方和外方都各自为政，相互之间均没有征求意见。我们和法方商定联合署名，可以各自做一个方案，哪方做的就哪方署名在先。

我们设计的方案根据领导小组的指示，将国家大剧院南移至正对人民大会堂东西向轴线的位置上。构思中设想，在宽阔如茵的草坪上、碧波晶莹的瑶池中，浮现出一座玲珑剔透又凝重华美的艺术殿堂，不但能大幅度改善、提高首都中心区的生态环境质量，造福子孙后代，且在总体布局上会更烘托出天安门广场不凡的宏伟气势，与迈向 21 世纪我国政治、经济、文化的国际地位更相匹配。

不言而喻，为体现上述精神，国家大剧院的造型既应反映 21 世纪飞速发展的新、高科技之时代特征，还应反映有 5000 年历史积淀、博大精深的中华文化的艺术底蕴。让世人看到：她既是世界的，又是中国的；既是面向未来的，又十分珍惜传统文化之精髓与气韵，以显现炎黄子孙的才智生生不息、无穷无尽的演化、融合、延续与创新。

我们方案的格局与造型，借鉴中国传统图案中圆形与方形交替相套的母题而发展出来的。平面布局是：在圆形环廊中套了个十字形平面，而圆形环廊又被套在一个正方形水池中，环廊架空在水面上。方形水池四角设有四根 16 米高的图腾柱。北侧临长安街，南侧临人民大会堂南侧路，均有宽阔的大草坪。临南北轴线方向设置矩形的大水池，水池中有音乐喷泉。水池两侧矗立着历史上最著名的戏剧家与音乐家的雕像。十字形平面内以歌剧院居中，戏剧场在西，音乐厅在东，公共大厅面北，实验小剧场朝南，各占一方。布局主次分明，自然合理，互不干扰而又相互联结；和而不同、分而不隔，各有各的特色。各自均能独立开放，合在一起又能形成有统一秩序感的表演艺术中心。

方案的难点还在于表现时代感的同时，采用什么手法来反映中国传统文化的底蕴。我们在立意、构思过程中，受到一张西藏大昭寺天花图案照片的启迪。该图案画的是佛教中的"天国"，即"坛城"

平面，其几何关系非常适合于我们将其用在目前选定的国家大剧院的总图位置上，所以立即有所借鉴，按照任务书规定的现代功能要求，绘制了大剧院的平面布置图。其空间格局果然呈现出东方文化特有的神韵。熟悉历史的人都了解，"天圆地方"之说，几乎成为中国古代文化的一种"表征"。追忆历史，距今 4000 年前殷、周的青铜器上已出现方圆相套的简单图案。印度的曼陀罗（即"天国"）也用类似的图案模式。国际建协在北京举办的"第 20 届国际建筑师大会"的建筑画展览会上展出的由清代文人贾全所绘的"登瀛州图"也隐约可见类似的建筑格局。可见文化以其特有的文脉，一脉相承。但是，继承、借鉴绝不能替代再创造。我们只求在运用当今现代建筑手法中，注入我国传统艺术特有的韵味，使经过我们艺术加工后的建筑作品，与世界上已有的现代建筑以及我国传统建筑既有相似、更有不似，正如齐白石老人对中国绘画艺术哲理的概括："妙在似与不似之间"。

方案合理地设计了各观众厅及舞台尺寸。

1. 歌剧院

为确保演出以自然声为主，在保证混响时间（1.6 ~ 1.7 秒）的前提下，适当缩小观众厅的体积，以不超过 20000 立方米为宜，避免使声强衰减过多。在舞台尺寸的确定上，考虑符合并适应国际上最著名艺术团体歌剧的演出需要，采用 16.5 米宽、14.0 米高的台口。当时国际上观众厅容量最大（3700 座）的美国纽约林肯表演艺术中心大都会歌剧院，台口尺寸为 16.0 米宽、16.0 米高，主台尺寸为 24 米深、30 米宽，欧美大多数艺术团体访问演出时，均无需特制布景，这可节约大量开支并获得满意的演出效果。我们在设计中亦吸收了这方面的经验。

2. 戏剧场

观众厅及舞台设计充分考虑了话剧、京剧、地方戏的演出特点和观演模式变化的可能性。方案采用可变容量的扇形观众厅，使其可兼演镜框式舞台戏和伸出式舞台戏。为保持观演关系的亲密，设计的最远视距为：演出镜框台口戏时 ≤ 24 米；演出伸出式舞台戏时 ≤ 18 米，并吸取英国伦敦国家剧院奥利弗剧场演出伸出式舞台戏的经验，观众座席对舞台的包围度以 135° 为最佳。

3. 音乐厅

采用椭圆形中心式乐台的平面形式。这样能保证最远视距 ≤ 24 米，使观众能获得充足的直达声，同时椭圆形也是增加侧向反射的理想的平面形状。

反射板设计也是这类音乐厅最具特色的部分，能提供毫无遮挡的侧向反射，达到音质最佳效果，不仅声音的空间感和亲切感强，清晰度高，声音的丰满度也好（20700 立方米的容积能到达 2.3 秒的中频满场混响时间)，这也是当今世界声学设计的某种新趋向。

4. 实验小剧场

方案的小剧场出入口面南，观众厅地坪只比室外高出 90 厘米，观众席地面划分为可升降的小块，可适应多种观演模式的演出需要。观演厅的天花为黑色钢板网，内设大网格式的马道天桥，几乎可从任何角度按演出需要投射灯光。小剧场与歌剧院的后舞台之间的隔墙上留有可推拉开启的台口门洞，打开后可当作小剧场的镜框台口使用，内有直径 16 米的转台。

我们在这一轮方案设计时的构思一方面是听到了传言说朱镕基总理在谈到法国水泡方案时表态说有水不错，另外也考虑既然领

模型鸟瞰

构思原型——西藏大昭寺天花图案

总平面图

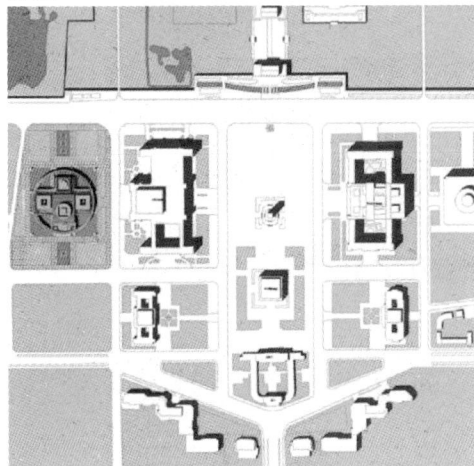

1999 年国家大剧院在天安门广场布局

1999 年国家大剧院模型图

导们已决定大剧院红线推得很后，尝试做个有水的圆形方案。联想到西藏天圆地方的图饰，又顾及剧场的顺畅交通、自然通风、采光……最后就形成了一个天圆地方的大剧院。

1999 年国际竞赛结果国家验收时报向中央的三个方案是英国和北京建筑设计院联合署名的"大玻璃"方案，法国设计院和清华大学联合署名的"水泡"方案和清华大学与法方联合署名设计的"天圆地方"方案都上报。又经过漫长的论证和等待，最终的结果于 1999 年 7 月宣布，中共中央政治局常委会决定采用法国机场公司设计师安德鲁设计的"水泡"方案实施。

采访者：李先生您对最终方案的国家大剧院设计有什么想法？

李道增：我们始终摸不清楚国家到底要什么样的，最难办的就是这件事，我国出现的这些方案在国外政府级的项目里，也不多见。直到现在我们也不了解每到一个时候，就出来一个"像个什么样的"国家大型建筑，引发的争议就很大。再说现在这个大剧院，不管是国家的还是有些省市的大剧院基本上差不多都是"像个什么梅花、跳舞裙、两块卵石、海螺……"就是不像个歌剧院的风格。

采访者：国家大剧院最后盖成了，你对现在的这座感觉是什么？

李道增：对这件事我还没有想好，总的思想觉得建筑师光做一种风格解决不了问题，因为各个国家、地区文化都很不同，背景也不同，什么文化主导才有什么内容的表演，反映到剧场建筑方面也有不同。各国各地方生活方式、语言方式不同，所以应当多元。可是多元也有几种意义，一种是文化上的多元，演出内容还是要适合自己的文化，而现在追求全世界就是一种现代化文化，若只要这一个定式，到底怎么发展？我实在还没有清楚。我是经常想这个问题，现在中西方多方面是很不一样，最后怎么结束，像东方完全把西方吃掉，西方完全把东方吃掉，一方吃掉另一方也不太可能，资本主义和社会主义两种对立的矛盾，就是靠完全吃掉对方好像也不太现实。到底该怎么解决？同化……

采访者： 这种问题在各个领域都存在，不仅文化领域，科学领域都存在，全球化是大家都在想的问题，如何保持个性的问题，大家都在寻找思路，但也好像不是那么好把握的。

李道增： 现在是不是有一种同化的趋向，我也搞不清楚，所以我老希望中央能够发表这方面的见解，因为我们过去都习惯批判。可是一看世界发展，很多方面最后还是妥协，好像中国又按照自己的观点，妥协是最好的解决问题的办法。

采访者： 我们一直想问您一个对于大剧院的感情问题。一般的人，他会对自己的方案实施或者没实施表达一种感情，但李先生自始至终都没有用过这个词，我一直很奇怪。

李道增： 1958 设计大剧院，我主持设计的方案能不能建成，是因为国家的自然灾害我没有想过。研究了 40 年后，参加 1998 年国家大剧院国际竞赛，方案没有得到实施，我没有抱怨过，因为我对竞争既有雄心壮志，也有一定的思想准备。记得在这次竞赛前，中央电视台专门做了一期节目，白岩松采访我时也问到这类问题，我当时表态说，我的年纪已比较大了，国家年轻人很多，我希望他们有更多的机会，意思已说明我不很在意自己获胜与否（对我这种表态很多亲人和朋友不大满意，认为我是主动退让）。从我的经历看，过去我有很多机会做了不少项目，特别是"开头难"的项目，领导都让我去做，搞得差不多了，领导安排由别人接，别人署名或报成果，或享受国内外的成果，我从不计较或嫉妒。你说我对事情没有感情了吗？显然不是。再看现在这座国家大剧院，即使是落成了，在很长时段内总有些别的剧院设计、策划、评审、评标都找我；再过多少年后，我也不怎么去参加会了，因为参加评审时我总是先看方案的功能和经济合不合理，不会去跟着欣赏"奇、异"或"像个什么"，我要是评得不符合业主意思、跟人家唱反调就招人烦了。后来我没有参加这些地方上的大剧院的评选，因为已经到处都是外国人做的方案了。我历经东莞大剧院是比较早的。东莞开始的策划就是找我，我把各个方面的专家，舞台美术、设计、施工管理的，甚至于经营管理的专家都给请上了，一起帮助他们策划。他们自己也全力以赴地投入进去，在很多国外的大剧场转了一圈，做了一个方案，是集合了各个领域和专业的专家意见。什么都弄好后，马上要立项了，结果却变了。最后有人说书记是需要外国人的方案，找了卡洛斯，他画了一个跳舞裙，就是画了一个形象。实际上外国设计剧场的体制和中国不一样，他们搞建筑设计的设计所，就是搞形象造型的，画完了就算，剧场的功能他们还需要请专业的设计公司或咨询公司。他们不是像中国这样从功能到造型，从经济到材料都是自己这帮人设计。所以说他们画了那个不管能不能建和你能不能用。东莞剧院新领导选了卡洛斯的方案。画完了"跳舞裙"以后，不会画施工图，因为没有设计过剧场，所以设计的图也多处不合理、行不通，如演员的化妆室在哪一层，公众厕所设在哪一层，这些简单问题竟完全不懂，连建筑的流线都不太懂，技术上不行。业主又来找我，我就请了李畅一起为他们修改、重画。

中山大剧院的情况是加拿大的华人建筑师搞的一个中奖方案，但是把方案放到建设地点后，布局出入较大，业主要求修改，对方不接受。此时香港某设计公司给领导力推一个"一条龙"方案。所幸中山市的文化局长和市规划局长一起来找我，我选了国内设计单位的一个更合理的方案，终于被领导接受，并立即实施。建成后剧场很合用，还受到上级的表扬，皆大欢喜。

采访者： 对于大剧院您是放下了还是没放下？如果现在有机会让您做剧场，你还做不做？

李道增： 做。都说我这个人很奇怪，搞什么东西，很容易产生兴趣并喜欢上。我自己认为，没有什么放得下与放不下的问题。

2004年学校计划为庆祝清华大学建校百周年，台湾某富商捐资，和学校商定要建一座纪念学校建校百周年的大讲堂，负责学校基建的校领导找到我，要我出山做方案，我不是又坚持做到了2011年建成吗！那个项目要求极高，其要点是：当时有5亿元台湾捐资，建设场地是学校东西干道和南北干道夹角东北角的一块狭长地段，要求建一座2200座席的会堂式多功能剧场、一座600座席的音乐厅和一组满足现代化的国际大小会议的会议厅室，建筑风格要符合清华文脉；学校组织了国内业界知名专家和资方请来的国外专家做评委，同时邀请到著名日本剧场设计专家矶崎新和北京市建筑设计院进行国际邀请赛，结果我校方案对日方以6比2票获胜。不久这款台资另作他用，方案未能实施。

至 2006 年学校把大讲堂的建设问题再次提到日程，并改称清华新学堂，建设项目内容、任务不变，资金由当年 5 亿元改为 4 位校友捐助的美元，折合 3 亿多人民币，建设地点仍在原地。投资减少后，不再拆除焊接馆，所以东西向缩短了，要求我们继续设计方案。这次方案设计可不是一般的难搞，因为它的资金限制到了每平方米仅折合 8000 多元，相当于当时的住宅每平方米造价。再加上要遵守学校文保的限高 22 米规定（一般歌剧院的台塔大约 45 米高）。建设资金、房子高度和建设场地都严重受限，就像枷锁束缚住手脚前行，这非常考验设计师的设计能力。我仰仗 50 余年设计研究剧场的实践经验，带领研究生们日夜修改一年多时间，三座建筑的功能总算过了关，于 2007 年 10 月进行了项目奠基。

我们设计组成员还没有来得及喘气，领导又提出了新的修改造型难题。众所周知，造型好看不好看，每个人都可以评论，它不像功能那样有科学标准。从此我们的方案设计组又承担了更大压力，日日夜夜搜索枯肠，近 3 年的苦斗历程，在校领导等耐心帮助下，终于开始了工程建设。2012 年 4 月 8 日清华大学百周年校庆日，迎来了百年会堂的隆重开幕。遗憾的是，我刚刚第四次在"马克思门 s 槛前"转了一圈回来，住院期间又感染上流感发高烧，在医院病床上输液治疗，学院领导朱文一院长来病房探视并送来"百年会堂——新清华学堂隆重开幕"大会的邀请函。躺在病房里听取同事和学生们电话传来当晚演出交响乐的爱乐乐团总指挥云龙先生对该厅的夸赞，说该厅是"北京市音质少有的几座大厅之一"，夸赞清华"有伟大的建筑系和建筑师建了这么好的剧院"。我和陪同住院、也在发着高烧

清华百年会堂西南立面实景图

清华百年会堂北立面效果图

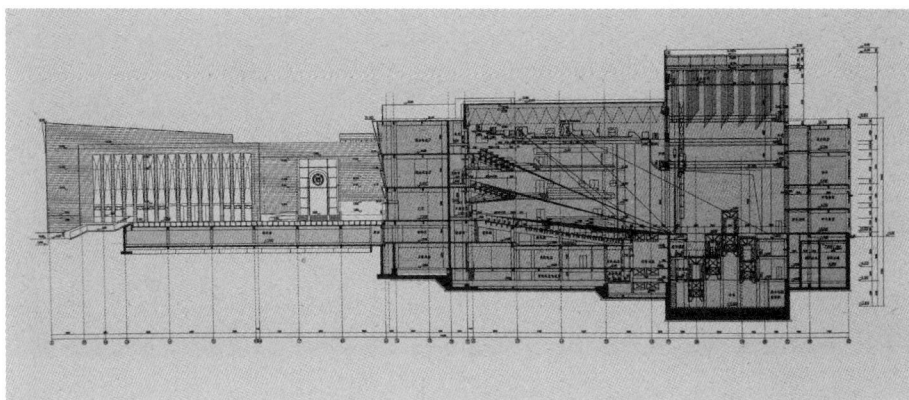

百年会堂 1a-1a 剖面图

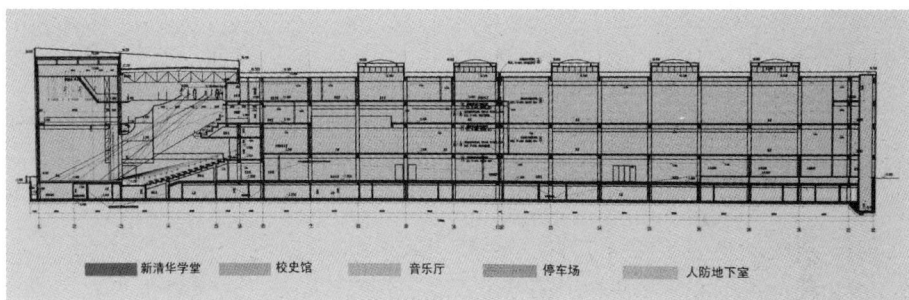

新清华学堂　校史馆　音乐厅　停车场　人防地下室

百年会堂 1bc-1bc 剖面图

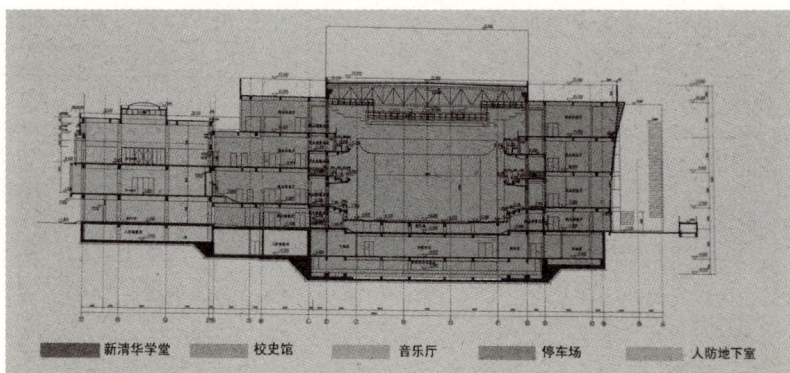

新清华学堂　校史馆　音乐厅　停车场　人防地下室

百年会堂 2a-2a 剖面图

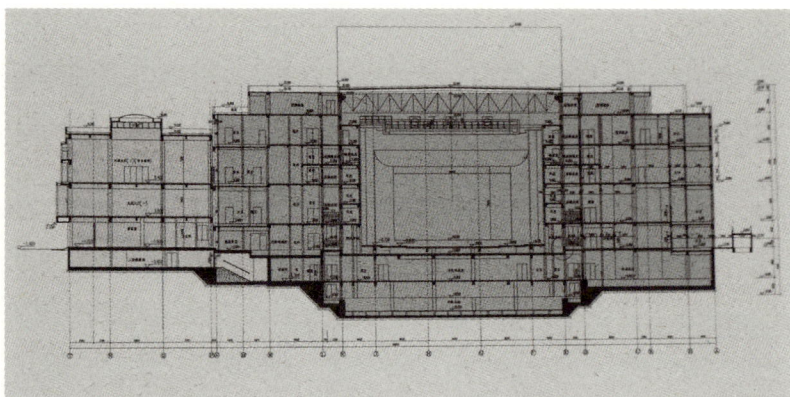

百年会堂 3a-3a 剖面图

清华百年会堂内院效果图

百年会堂观众厅效果图

的爱人均深感欣慰，共同为我来清华接受梁先生教育、红专双肩挑、教书育人几十年而欣慰，为没有虚度年华也没有碌碌无为在清华呆了60年而感到荣幸。

新清华学堂使用、运营近三年后，2014年4月11日，清华艺术教育中心的常务副主任赵虹在清华新学堂后台说："真正的剧场，是个奢侈品。李先生最早设计的时候说：'剧场是艺术的皇冠'，好的剧场是成就艺术家的地方。现在我们这个剧场已经非常有知名度了，教育部、文化部、外交部、中央电视台的大型活动除了在他们本部，都来我们这里，中央电视台的《光荣绽放》的十大系列已经按照我们的舞台定的舞台美术尺寸，它能来录制的都来我们这里录制。我们当年演江姐的时候经受过考验，几乎用到了舞台所有吊杆和角落。所以说，如果这个舞台能演歌剧、江姐、图兰朵。第一，这个剧场的硬件一定非常过关；第二，管理要非常过关。"

一般电影院的混响时间是0.8秒，包括北大的剧场也是，只能满足电影与话剧的演出条件。而我们新清华学堂剧场的混响时间是1.6秒，混响时间越长，声音越丰满，就相当于在浴池里唱歌和在空旷教室里唱歌一样，混响时间越长，声音越完美动听。我们这个剧场是非常专业的，在业内广受赞誉！

设计思想

采访者：您认为一个好的剧院评判标准是什么？

李道增：歌剧院算是一类比较特殊的建筑，是非常复杂的综合体，既要考虑到其建筑艺术效果，也要满足许多非常严格的技术要求。比如著名的巴黎新巴士底歌剧院在建筑设计上是比较有新意的，舞台机械化、自动化程度也特别高，受到许多建筑师的吹捧。但是它的那位特地从意大利著名的米兰大剧院请来任职的舞台艺术总监在接待我们访问时却说，建成数年后舞台部分由于存在一些不适合演出需要的问题，还一直在不停地修改，因为负责设计的建筑师（奥托·卡洛斯）并不真懂舞台演出的要求。从剧院建筑的功能和技术角度来讲，这座剧场不能算是十分成功的剧院。再如世界闻名的悉尼歌剧院，这是载入史册的不同于一般歌剧院造型的建筑，大家都知道它被认为是象征悉尼这座城市甚至整个澳大利亚的标志性建筑。但是若将它作为一个剧场，从功能上讲却是不大合适的。这一点比较容易理解，因为它是从形式出发来设计的建筑，原来设计的外壳是弧形曲线的，当时还没有适用的材料和技术，只好花巨资请了一个英国公司改为由数片巨大的壳体进行计算，正因为保持建筑设计的外形，就束缚了歌剧院功能的展开，侧台也难以布置，干脆取消。虽然号称是歌剧院，但最大的内部空间反而只能是音乐厅，所以它不是严格意义上的歌剧院。国际剧场设计方面的知名专家、美国耶鲁大学的教授艾森阿渥（George C. Isenour）只承认它是城市的标志性建筑，始终不承认它是一座歌剧院。他认为与之形成对比的是老的巴黎歌剧院，认为在艺术上做得比较成功，而作为演出服务的建筑，也是同样成功的，曾居世界歌剧院领先地位达 100 年之久。可见当今剧院评价的标准有多么不同。

采访者：您认为在剧场建设时应注意些什么问题呢？

李道增：需要注意的问题很多，有功能的，有艺术的、技术的、社会意义上的，我想更重要的还是功能和艺术关系的摆法。艺术方面的问题属于创作的范畴，只要其他方面综合合理，好不好看应该多元化；功能上的，设计剧院就应剧院适用，不应不管不顾只图外形，建成了观众和演员都不满意；技术方面，在当今的技术条件下，几乎没有什么特别的困难。还有需要注意的是社会文化意义方面的，建一个剧院不能不管资源、能源、资金和广大群众、观众的看法。再就是所谓"鱼缸和金鱼"的问题。没有金鱼，再华丽的鱼缸，又有什么用呢？没有自己创作的适合中国文化、中国自己的"歌剧"，建成再多再大的仿国外歌剧院，又怎么符合我国人民的文化需求和经济实力呢？更不必单为了追求"别人没有"、必须"像个什么"，而搞出一些不能用或不好用、造成巨大浪费的、外形怪异的建筑物！

据上海等城市作过的统计：每年大约从国外邀请到 4 ~ 5 个剧团来华演出歌剧，每出歌剧平均演出 4 ~ 5 场，加起来总共也不过 20 多场。如果设计时不考虑剧院的多功能使用，那么大部分的时间，这些剧院都将空置，造成经营上的困难；要取得比较好的效益，一年中的演出场次应该多于 250 多场（这是上海市委要求上海大剧院做到的）。因此若要建歌剧院，首先得考虑如下一个事实：中国公众自己花钱看演出特别是看歌剧的财力和欣赏能力还不普及。继国家大剧院建成以后，许多省会城市或财力充裕的城市都把建歌剧院作为"文化建设"的标志、"市长成就"的标志，只顾建，建成后怎么办并没有通盘规划。很多建筑同行谈起来都会对各地建的大剧院有许多非议。结果可能是打着歌剧院的旗号，演出的却是一般晚会上表演的歌舞节目，造成浪费和被动。

采访者：那么您认为适合我国国情的剧院建筑应该是怎样的呢？

李道增：首先要有科学、严谨的论证和策划。现在有这样那样的"热"，如"创新热"、"技术热"，这很好。但是任何东西，超出一定的限度，超越一定的规律过分地"热"起来了，往往也就会带来些问题。现在有些地方，出于提高大众文化生活水准的需要，积极地进行文化设施建设，剧院建筑也大量上马，某些项目并未经过充分的论证和周到的考虑就匆匆上马。盖房子容易，可盖完了留给地方，留给管理者、经营者的，也许就是一个大难题。现在国家仍然处于发展中，资金应该花在刀刃上。为了一些华而不实的项目浪费，未免太可惜。

如果要建设剧院，应该注意多功能使用。剧场是否应该多功能使用，国际上也曾有过激烈的争论，因为各国的具体国情、各时代的具体条件都不一样。例如日本在经济上已经进入比较发达的阶段，文化生活也比较丰富，市场潜力比较大，剧场的经营管理不存在特别大的困难，因此日本学界中的多数对剧场的多功能使用认为是不可取的方式。而我们在借鉴国外的经验时，不要盲目生搬硬套，而要根据实际国情区别对待。在中国现实的条件下，总希望剧场的上座率要高些，因此要充分考虑目前我国在歌剧、音乐、话剧、戏剧等方面的创作能力和观众的接受能力。为了一些非技术性的考虑而追求规模，建得过大了是会有问题的。应该从策划阶段开始就对项目进行充分的论证和考虑，总而言之，一切从国情、民情出发。

采访者：国内外剧场的演出、设计机制有什么不同吗？

李道增：欧洲大陆特别是德国剧团和剧场一体化的情况比较多，

许多剧场都拥有自己的剧目、剧团，场、团合一，剧团以剧场为依托，演出比较有保证，德国、法国如此，苏联也是如此。此外，在大多数情况下，剧院的投资者同时也是剧场的经营者，因此在策划阶段就会对剧场的经营使用方面考虑得比较深入和周到。毕竟大多数剧场还是以经营为主要目的。而且，国外有专门的剧场顾问公司，从开始阶段就以专业的眼光为投资方提供市场预测、分析和策划，甚至一直到工程监理的服务都能提供。这些专业的剧场顾问公司通常由音响、舞台设备、舞台美术、预算/经济管理等方面的专家共同组成，为投资方提供专业的服务。投资方提出自己的目标和要求，交给顾问公司进行详细策划，大体确定项目的定位、规模以及具体技术细节等，再将这些要求和概念性设想提交给设计师进行设计。美国等其他少有投资剧场建筑国家，如投资建设剧场，其建筑有建筑设计公司时，也需另聘专门的剧场顾问公司予以咨询。

而中国目前多由建筑设计公司设计，还比较缺乏专业的顾问机构，一般都代由专家评审，有时候甚至专家的意见也得不到重视。当然来自不同专业和不同身份的人考虑问题的角度总会有所不同，但听取多方意见，对于减少失误还是非常有帮助的。

剧场研究

采访者： 您做剧场理论研究，是在做完大剧院以后，从对这些成果进行总结开始，还是单独进行的？

李道增： 也是先从设计过程中不断进行调研开始的，实际上非常复杂，既有调研，也有建设实践，也有理论层面的，等等。

比如说剧场理论。就从观众厅说起吧，你要保证视线好，还要保证演员好演、导演好导，将来管理者好管理，这些东西是有现成的经验可借鉴的，已经有人的实践形成了具体的参数关系，后来者只要拿过来应用即可。但是完全照搬则未必可行，例如我们的建设场地有高度限制，处于文物保护区等，这些限制就未必满足参数要求，这就必须根据具体的需要，结合实践和经验不断调整，然后自然就有一种升华了。

采访者： 您什么时候开始给学生讲剧场理论？是上课教吗？您的巨著《西方戏剧·剧场史》横跨戏剧与建筑工程两个学科，融人文与科技于一体，对中国的剧场研究作出了重要贡献，这些都是您值得骄傲的成就，您能简单介绍一下这部著作吗？

李道增： 最早我给学生上过剧场方面的课和培养研究生，做完大剧院就没机会了。真正接触剧场理论，还是打倒"四人帮"恢复高考以后。

1979 年初我随同清华、北大、北师大联合组成的加速器科技代表团赴美考察，有机会如饥似渴地与美国同行访谈和看杂志，了解到他们已经将心理学在建筑中应用以及生态生物控制论等建筑研究的前沿、剧场建筑的研究等情况，利用姐姐给我资助的照相机、胶卷，收集了大量资料，装满我带出准备带洋货的大箱子，带了回来，就夜以继日翻译成手稿。

1980 年利用手稿做教材，开设了"环境行为学"和"西方剧场史及其发展趋势"的研究生课，并培养研究生。当时这些在学校和国内算是先行。我的第一个环境行为学硕士研究生胡正凡 1982 毕业后在华中工学院教书逐渐发展成为这方面的权威；王亦民是第一个研究伸出式舞台的硕士，1982 年毕业后在浙江省建筑设计院工作，升为总工程师，设计了不少剧场和其他工程，成为建筑专家。

1982 年我发表了一篇"重视生态在规划中的作用——生物控制论八项原则"的论文。

以上这些当时在国内都属于先行，算是与国际学术前沿接轨了！

我越从事剧场的设计研究越有兴趣，陆续查阅大量的西方戏剧与剧场文献资料，积累赴欧美国家作剧场建筑教学的交流和实地调查的翔实资料。思想逐渐飞跃：研究西方戏剧与剧场这对孪生姐妹的起源与发展关系，以及自远古至今各个历史阶段中外戏剧、剧场发展关系，有贡献的剧作家、表演艺术家、音乐家、舞台美术家、剧场功能专家、建筑师、管理者以及他们的历史业绩和作品。每篇都是先谈戏剧发展的梗概，然后述及戏剧发展与剧场建筑的演进；我的戏剧·剧场史通盘研究思路逐渐成熟，就逐渐撰稿成书。

采访者：戏剧是一种综合性很强的艺术，建筑师也是一个艺术家。

李道增：成功的戏剧演出需要文学、美术、音乐、舞蹈、化妆、表演各方面的配合，离不开剧作家的剧本，舞台美术家创作的布景和灯光，演员的道白、激情，作曲家的配乐和舞蹈家的舞蹈设计，直至建筑师塑造的剧场舞台和观众厅中的观演环境等。导演融合运用各方面。戏剧的力量正在于它研究人们的生活、环境对人心理和行为深刻影响的综合性和复杂性；通过演员的语言、动作、音乐、舞蹈、布景、观演环境，把所有的艺术迷人之处统一到一个完整的、单纯的新颖出众的形式、感人的魅力中来。它比任何其他艺术形式更能反映时代的心声，更能作为某个社会风貌的表征。戏剧虽是仅次于音乐的最短暂的艺术，却同时也是最具有震撼力的艺术。

戏剧的剧作是为演出而写作的，戏剧历史之所以始终环绕剧作为中心而发展，原因之一不外乎剧作是作为我们现时代的价值观与过去某个时期的价值观之间的一座桥梁。一些称得上伟大的剧作都是可以在情感上、思想上、生活上与现时代有某种沟通，进而作为了解整出戏剧其他情节的桥梁，人们非得找出其中蕴含着的至今仍有意义的思想、感情与价值观，否则是不会被感动的。这就是戏剧艺术的真谛所在。

剧场不仅仅是建筑师为展现戏剧艺术舞台的创作，它同时是社会经济、政治、文化、艺术、科技水平的体现，一个精品剧场，其功能必然是先进科技的综合，造型上是本民族文化艺术、建筑艺术的精粹。它既应能使演员充分发挥表演才华，又要使观众在享受精美表演艺术的同时享受到建筑艺术、装饰艺术、雕塑艺术等的魅力，使其身心都得到艺术熏陶，汲取提高文化素质的营养和灵感，使管理者经济、方便地经营管理。

采访者：剧场研究在建筑领域可能是一个"小"专业，从最开始的被动选择到后来的主动研究，再到成为这个领域的领军人物和专家，您的想法发生过什么样的变化？

李道增：对这个事情的看法有一个历史的过程。最初周总理提出建设国家大剧院的倡议时，他对国家大剧院的看法是，剧场建筑代表了国家科技、文化、艺术方面的最高水平，是最为重要的标志性建筑，当时认为中国的发展，中国的现代化，中国的强国之路，是需要这一种建筑的。欧洲的剧院与歌剧发展密切相关，能够踏入剧院欣赏的都是贵族，因此剧院是一种身份的象征。后来我自己到了美国，看到美国建设剧场的方针跟欧洲是不一样的。美国"二战"后的剧场建设，最开始是请德国专家设计，后来因为里面牵涉到很多机械设备，美国就自己弄了，慢慢地他们也没有沿袭欧洲的思路。为什么呢？因为以演古典歌剧为主的剧场，装备复杂，自动化程度要求相当高，投资运营很难赚钱。美国人什么都讲实惠，如果像德国人那样建剧场是赚不了钱的，是要赔本的。美国是追逐利润的，先在纽约后在华盛顿建设剧院，他们把剧院做成了一个群众娱乐场所，就是以群众的文化艺术表演为主，让老百姓来享受，就建成了社区剧场，建在老百姓可以去的地方。这是一个剧场建设与国别重大的变化。我原来考虑正规剧场完全是欧洲古典剧场，然后也看了一些剧场，边教边学，然后就慢慢深入了。再反看过去中国农村有文庙，中国有很多优秀的传统文化，老百姓也不是除了生产就是生活，他们也有娱乐，有广场有文庙，他们的生活也有其丰富多彩的地方。这些东西是植根百姓的生活之中的，文学也好，艺术也好，音乐也好，话剧也好，戏剧也好，是植根在老百姓心里头的，所以从这个方向往下说，建剧场也不一定要搞高新奇特，还可以搞成另外一种。观念是随着个人情况和社会环境变化的。

采访者：现在在中国剧场还是相对少，对于戏剧等的欣赏还是不够普及。

李道增：这跟国家重视的程度有关。你看看卡拉OK兴起来了，但是正规的剧场却没有多少。现在年轻人，大多不愿意追求什么是真正文化艺术，而追求刺激性的，国家在这个方向的引导和教育应该有一个调整。剧场作为一个建筑，其实是为时代服务的，对人的教育和思想影响都很大。

我小时候在上海看的是美国电影，感觉非常好看，到了清华工作以后，才由参加五道口剧院开始慢慢了解，然后滚雪球似的，很自然地结识了很多做剧场设计的建筑师，还有剧场演出的文艺工作者，了解到全世界各个民族都有自己的爱好，都是成系统的。但凡一个拥有自己文化根基的民族，都有戏剧类艺术。戏剧艺术跟其他艺术关系都很密切，原来一直认为是希腊、罗马系的西方戏剧比较先进，第一次世界大战以后，西方突然发现中国有跟他们很不一样的戏剧体系，所以他们认为中国这个体系很先进，都要想学中国的体系。中国这个体系跟西方正好相反，西方戏剧体系要求真实、写实，强调现实主义和自然主义。中国的体系像京剧，时空不固定，艺人走在舞台上，舞台上是光光的，什么都没有，可是人走上去，做个动作就是表示开门，扬起马鞭子就是要上马，象征的意味很强烈。时间空间由演员说了算，不是固定的。西方的戏剧有板有眼，跟现实生活一样，尽量逼真，怎么真怎么好。中国的喜剧是演员说了算，比如孙悟空翻了个筋斗就有十万八千里，他在台上转一圈就算是十万八千里，实际是不可能的。所以德国有一个"大家"，说中国先进，梅兰芳跟程砚秋到欧洲演出几次，他们叫好得不得了。这个事，我们中国到底是保留好还是学西方的好，在戏剧界始终有争论。我认为国家的文化文明是珍贵的，应当尊重传承，外来的先进的要吸收。总之文化艺术应当是多元的。

采访者：您做这个剧场研究，顺便把戏剧的知识也都全部了解了。

李先生：不完全了解，但必须有这方面的知识，才能看懂他们的历史、文章。比如说莎士比亚的戏剧与中国戏剧有一点相近，他也有这个时空不固定论。

一开始我也不了解这些，慢慢地就知道了不少。我曾经在后台见过我国戏剧大家谭富英，他经过侧台出场的时候，都要捂着水袖。为什么呢？原来是因为侧台有风，他怕嗓子遭风会坏。他们演出时都有当差的帮他拎着水壶，一下台就喝一口，接着再演。京剧后台等对戏剧大家都是很有讲究的，地板的软硬都是问题。我们搞剧场，你就要了解你的服务对象的需求，演员是一方面，观众是一方面。

采访者：想想也挺有意思，从一个个任务开始，竟然成就了您个人的一个梦想！对于剧场建筑的未来趋势，您有什么看法？

李道增：这个问题不太好回答。就一般的情况而言，剧场建筑都发展这么些年了，剩下来的功能上、技术上的问题并不多，只要想得到的，多半也都能实现，剩下的就主要是形式上的问题了。现在的舞台技术已相当发达，如国外有些剧场利用机械设备来改变观众厅内部空间形状、体积，从而能改变音响效果和演出规模，以便灵活地适应各种演出的需要，提高剧场的使用效率。其中主要的一点是改变观众厅的混响时间，如演出古典音乐时混响时间调节到 1.9~2.1 秒，上演歌剧时 1.6~1.7 秒，话剧 1 秒，放映电影时则更低。如果能较好地满足这些不同的要求，剧场的使用效率就能提高，有利于经营管理。

现在的世界变化很快，科学和技术发展迅速，要想作出什么预测，需要投入很多的精力去研究，而且还不一定赶得上变化的速度。美国工程院院长沃尔夫在 2000 年 10 月来北京做报告时就曾说过："预见是困难的，特别是对未来的预见。"虽然如此，我们还是要持续进行更深入、更广泛的研究。

第 5 章

实践者

采访者：作为一个建筑师，您在自己的建筑艺术上有何追求？

李道增：我的建筑史观的核心，就是建筑的发展是由人类社会生活的文明进步而推动的，建筑形态的改变和创新都是为了适应人的生活方式的改变。离开了建筑中活动的人，建筑就毫无意义。其实就是"形式追随功能"。当然建筑的艺术性也是十分重要而两者不是对立的，在实用、经济前提下，建筑师把建筑做得符合场所精神越美观就越好。

采访者：任何一个建筑师的设计都会有两部分，一部分是已建成的，一部分是未建成的，就是说实现的和没有实现的，没有实现的东西其实也是思想的一部分，或者说推动实践的一部分，那些没建成的东西恰恰是你积淀的东西。你自己有哪些没有建成的方案，对此有什么感想？

李道增：我的设计有很多建成的，也有很多没有建成的，没有建成，我也没有什么伤心和抱怨，我这一辈子都没有。建成的剧场、办公楼、招待所、商住大厦、别墅等很多的例子，我不在这里详举。我知道你们是由于我研究设计 40 余年的国家大剧院方案没有建成而引发的关心，来问这个问题。在剧场方案设计中，中国儿童艺术剧院、天桥剧场都建成了。20 世纪 90 年代末台州市规划局想建一个文化艺术的广场建筑群，要求我设计，第一个项目就是一座剧院。剧场建成后，关肇邺先生设计了一个图书馆，胡绍学先生设计了博物馆，陆续由其他单位设计了科技馆。接下来我应福州市规划局和文化局要求：他们拟在该市原有的古塔广场上设计乌山广场，在广场中设计一个现代化的剧场——福州大剧院。先要求我规划、策划出

乌山广场图规划图

立项任务书，由他们去申请投资和划拨土地。我们设计了几种乌山广场方案给规划局负责规划的联系人。文化局正副局长多次表示大剧院由我们设计并完全按照他们的意图设计，由于广场很小，剧场可占用的土地更小，我就和赵正雄、崔光海、卢向东等研究生先后到福州，设计了一个圆形方案的剧场，以此与广场中丰富的其他建筑物"和而不同"，与周围环境和谐。当我们设计的福州大剧院方案做得差不多了，他们也立了项的时候，他们要求我做这些前期工作的真正意图暴露出来了：是借用我当时的声望去立项，划拨土地和投资，实际是搞房地产。他们还另找了设计单位做方案，搞了一个"评标"会，按照他们的意图选了一个占地大、投资多的方案，把我们的方案压了下来。这件事过去我从来不提，也从来不在我的设计项目中列上，也没有表露过团队中参与项目的研究生们的意见。这次你们问我从事建筑设计中有没有受过委屈的地方，答案是肯定的。一个设计者几十年都顺心如意是不可能也不真实的，果真那样我几十年设计过的项目可能早已在不少地方开花结果了。不过别的项目没建成都有许多复杂而让我能够理解的原因，这个项目我想不通的是一个省级单位的领导怎么这么做事？！这事就算是比较委屈的吧。不过我也没有为它耿耿于怀。

我这里谈谈福州大剧院方案的简单情况。

福建大剧院建设地点定在福州市中心"五一广场"南北轴线南端的地块上。福建省领导要求把大剧院设计成此省会城市的标志性建筑之一。我们极为认真地研究了它的难点和特点，确定了设计构思手法和特点。

1. 与广场有关的规划构思

大剧院位于"五一广场"极为重要的位置上，广场周边建筑现状较乱，既无足以统帅全局的主体建筑压阵，也不受明确的规划意图和章法控制，周边各座建筑突出的均是自己的实体造型，而非共同来围合广场空间，因而给人的印象是既无统一性也无整体感。我们在构思中遇到的第一难点就是采用什么手法来改善、弥补广场现实环境中存在的这一严重缺陷；紧接着的第二个难点便是在剧院设计中如何把握大剧院整体造型艺术构思的方向。两个难点都是战略性的，经过认真思考研究和多个方案比较后，我们采取了两项对策。

其一，广场规划上要以大手笔来突出南北中轴线，要在空间上与形式上能让人感觉得出来强烈的南北中轴线，来统帅广场全局。只要力度够大，在整体感上取得一定程度的改善，还是可能的。

其二，大剧院是广场上的视觉中心之一，突出南北中轴线也要贯彻到大剧院的方案布局中，方案宜集中不宜分散；宜对称不宜不对称；轮廓宜有起伏不宜做成简单的方盒子；方案宜新而中，显示福建人们的才智和尊严；不宜引起西方化、美国化的联想；与周边建筑体形宜和而不同；不宜不顾实用经济，一味追求新、奇、特。

这两条思路与前面的设计理念是一致的，也是与本土化的艺术思想一脉相承的。

2.平面外形的构思立意

结合我们多年对剧场建筑的研究，与见到过的古今中外知名剧场平面比较，迄今还没有找到哪一个剧场方案是采用我们所建议的或近似的平面外形。我们努力把平面功能设计得布局合理紧凑，内外交通路线简洁、明确、流畅，使它具有大型公共建筑所应有的一切品格。在平面的大圆形前部套一小矩形，正好是前厅空间位置所在。从内部使用空间的角度去审视平面，其内部空间与外形非常自然地吻合在一起，绝不是生搬硬套、硬凑出来的。

圆形平面的灵感来自福建永定、南靖的圆房子和古罗马的老剧场。我们采用圆形平面，因为圆形建筑很易于与周围环境、周围建筑协调，论语中说："君子和而不同"，圆形建筑易于做到"和而不同"。且圆有圆心，易于表达"中心化"的含义，比较适宜于用在要形成一定中心感、体量又不很大的标志性建筑上。

3.观众厅的构思

随着国家经济建设的发展，国内不少城市都在设计或规划剧院，多数方案的观众厅均采用大挑台的形式，有的池座上方只有一层大挑台，有的有两层，形式雷同，这似乎已成为一种固定的模式。

依据艺术的"陌生化"理念，这次我们做的观众厅方案采用池座上空设三层小挑台，两侧设三层小包厢的新形式。这在我国的剧院建设中属首次。据悉欧洲的正规歌剧院多数观众喜欢多层包厢形式的观众厅，因为观众厅总体气氛比较隆重，坐在包厢里看戏（参加会议亦然）比坐在像是小山坡的大挑台上感觉要更亲切、更有私密性、更有身份感。小包厢环绕观众席，观众与演员、观众与观众共聚一堂的感觉也比大挑台强许多。大挑台形式使人更多地联想起电影院、大会堂，而多层包厢能使人更多地感受正规歌剧院的氛围。纽约林肯中心的大都会歌剧院观众厅有3700座，还沿用了多层包厢的形式。我们希望福建要敢为人先，在国内首先尝试多层包厢小挑台的观众厅形式。

4. 外立面的构思

为避免围合圆形平面的外墙立面单调，依照把"平凡的东西"处理成"有诗意的形象"的"陌生化"理念，我们把外墙按四米划分成段，由地面直达檐口等宽的L形混凝土墙与深深凹入的通长大玻璃窗相间，形成虚实相间的重复韵律，赋予其不一般化的现代感。

为强化现代感，剧院前厅完全做成高大、通透的玻璃大厅，夜晚灯光通明透亮，如同水晶宫一般，更吸引人们的视线。玻璃墙前立了3座有纪念性尺度、类似于古埃及、罗马高大而雄伟的大石门，以显示大剧院的纪念性和文化性。

大厅和室外广场标高取得一致，取消惯常用的大台阶，既节约占地，又利于老人、残疾人方便地出入，他们不必上台阶便可通过一层大厅里的电梯到达任何想去的楼层，这也体现现代化、人性化的"以人为本"的理念。

在正中的大门洞中又套了一个圆拱门，以拱顶石和大门洞相连。大门上方有一个方形石墙，石墙正中开了个巨大圆洞，圆洞中又套了一个我国西汉留下的稀世珍宝，其图案是两个舞姿奔放的跳舞人，构图非常有动感，又有现代神韵。我们建议把这个雕饰作为大剧院的中心标志。她既古又新，兼具凝重的历史感和豪放的现代浪漫情调，是今人很难雕塑出来的艺术精品。

大门洞两侧上方伫立着两个不同的有极高艺术价值和品位的陶俑——东汉留下的"说书人"，其造型生动可爱而能传神，非西方现代抽象艺术所能媲美，她表现了我中华古代文化艺术所取得的辉煌成就和达到的艺术高度，让人们体会到白石老人所说的"妙在似与不似之间"的艺术魅力，乃某些西方现代艺术家所追求、但可望而不可即的艺术境界。

在所建议的这一正立面中，把当代材料技术的表现力与西方古典艺术和我国古代雕塑交织糅合在一起，可谓既现代又古典，既有科技力度，又有人文魅力。

为丰富建筑的天际线，在玻璃大厅后面的圆形建筑45°角对称的位置上，做四个高出屋面的玻璃楼梯间，其上方放了四个在我国艺术史上世界知名的作品——北魏雕塑"辟邪"。在中国古代民间传说中，龙有九子，"辟邪"是九子之一。雕塑的运用为剧院再增添几分文化气息。

由于高耸的舞台台塔在功能上不得开窗，如外面做成光光的大实墙，老百姓可能不接受，会批评它难看，像个冷藏库。我们在台塔北面布置了三层办公室，外面饰以玻璃幕墙。台塔的背后因为朝南，也做成内部安装太阳能集热器的玻璃墙，可全年供应热水，冬季还能供暖，是一项节能措施。台塔玻璃墙与大门厅、外墙的玻璃呼应，更强化剧院的现代感。

5. 多功能厅、排演厅的设置

多功能厅设在后舞台上方、面南；大小排演厅分别设在西侧台和东侧台的上方，朝西与朝东，三个厅同在12米标高的楼层。为方

福州大剧院模型图

便群众使用，在建筑南面专设了两部 8 米直径的玻璃圆楼梯和电梯，在街面标高处设两个专用出入口，群众通过楼、电梯上行可直达 12 米标高层，下行还可下至地下室中的酒吧（这一设置非常有利于剧场运营中增加收入）。

多功能厅可容 500 名观众。多功能厅对外开放，能供小型伸出式、中心式、尽端式舞台演出，化妆表演，放映电影，举办舞会、联欢会，或举行冷餐会、年会，等等。

多功能厅的地面是平的，天花按实验剧场的要求，满铺黑色钢板网吊顶，其上有均匀分布成方格状的马道，可按需要安装各种型号和光色的舞台灯光和音响设备，以计算机调控。

舞蹈排演厅设有专用参观廊，可供观众参观排练。

采访者：作为一个建筑师，您怎么面对自己的设计和现实的要求？

李道增：其实这也很有意思。就拿 1958 年参加国庆十周年工程来说吧。我们建筑师比较喜欢新的东西，比较想表现出新材料等的特点，但是中央领导喜欢的还是比较偏古典一点的，很庄重的、结实的建筑。我们也明白，我们同学当年去参加民族宫项目，北京设计院发动群众起来攻击几个老总，像张镈等做古典些的方案，当时群众画了很多漫画攻击张镈，就是说功能不好什么的。民族宫的甲方是民族事务委员会的高层领导，在民族宫会见了我们，他们跟我说这个形式，主要是中央领导定的，真正做出来就是这样的，就是让我们学生不要再反对了。就是这个意思，跟我们几个人先打个招呼，我们在下面轻声地告诉了去参加设计的人，大家的思想就转过来了。

这个事跟国家大剧院也有关系，周总理曾经让万里给学生讲过一次，讲了民族形式的问题，告诉说不要怕，怎么搞都可以。我们学生思想也比较灵活，所以我们敢于带头先搞一些新东西，既然中央比较喜欢古典的，我们也会，就立即做一些古典的东西。这样方案就比较容易通过，特别是领导人的看法，都希望把里面做得稳重一点、气派一点，建筑师觉得很新颖的东西，中央领导不喜欢这些，他们都喜欢比较平稳一点。中央军委的大楼我们也做过很多方案，后来也是军委和总政的来讲意见。我们就听他们的话很快就设计出来，跟国家大剧院不一样的手法，雕像是集中在当中。这个方案后来几个军委副主席一看就是它，很痛快就通过了。

采访者：你们以前做的项目基本都是任务吧？

李道增：过去，国家实行的是计划经济，任务都要先列入计划才有投资。因为过去设计单位也都是国家的或地方政府所属，而且清华建筑系好像是以建筑设计专业为主，系里有技术室。我们的设计和科研就是靠任务带起来的，然后相互促进。

采访者：您有一段经历，就是您在北京市艺委会副主任，主要是主持技术工作，当时艺委会是怎么成立的？

李道增：艺委会成立有它的时代背景。当时设计方案的征集还没有大规模的实施竞标，而是邀标。那是 20 世纪 80 年代初，打倒"四人帮"不久，国家要开放，学习引进国外经验技术。邀标主要围绕着长安街的重大建筑展开，邀请国外名家来做方案，艺委会的工作就是看看人家做得合适不合适国家首都规划要求。艺委会由北京市规划局两位局长任正副组长，聘我做副组长（专家代表），艺委会的主要委员都是各个局的局长，还有北京市各个相关专业的专家。邀标来的太不合理的东西，作为艺委会评选方案，我们是接受不了的；后来有的项目还曾由我一锤定音。美国的设计大师贝聿铭先生设计的西单那座中国银行，就是经过艺委会选定的，那是艺委会期间的大事之一。应当说那时的引进是有计划、有步骤、有秩序的，也比较成功的。当时的艺委会每周开一次会，我住在清华，每次开会我要一大早上骑自行车到南里士路的规划局开会，会后赶回学校，回家吞两口饭，下午给研究生讲我从国外引进来翻译的手稿，用投影仪和在美国的姐姐资助的幻灯机讲环境行为学和西方剧场史课。同学们经过了长达30多年的中美闭关，对外来洋图和新的学科内容都很兴奋，我也很受鼓舞，讲起课来不知劳累……再加上大量系压力，1987年我失忆了，摔了一跤，第二次抗病魔的斗争开始孕育了，因为颅骨摔了两条裂缝，大脑也受了挫伤，以后它经常作祟，使我失忆摔跤持续几十年，严重损坏了我的健康。

在艺委会期间，还有就是北京的旧城改造项目。那时北京有许多危房急需改造，艺委会先定了几块地由北京的专家们挑，各位专家一人分一块地组织团队做方案。吴良镛先生挑的是菊儿胡同；我分到了东城区所属的北河沿，以后我和团队的陈衍庆老师、我的研究生范强等从规划设计做到了方案和施工图设计，现场蹲点。工作了几年后，赶上北京进一步开放，一个港资要求东城区从清华拿走这个项目。经过一番周折，我们算是和他们合作了，他们提要求由我们做方案。又拖了一段时间，港资没来，东城区委把项目拖没了，我们团队也改干其他的事了。

你提到国贸大厦，那是艺委会以前我曾接受的一个任务。记得有一天我在系里做事，忽然校长办公室要我去接电话，什么事呢？是国务院打来的电话，要我一个人几点钟去哪个地方开会。当时"国贸"还无影无踪。去了以后一看，在一个会议室旁边搁了三个方案，挂了一张平面图，过了一会儿，建设部部长戴念慈也来了，建筑师就只我们两个人。国务院很多司局长都在那儿，万里同志主持的会，他说今天晚上开一个选国贸大厦方案的会。当时放了三个方案。一个是美国SOM设计公司做的方案，就是后来通过的那个方案。一个是日本的设计公司做的，还有一个不记得是什么人做的。万里同志说，今天晚上从这三个方案里选定一个，并介绍了项目都是什么内容：包括一个大旅馆，一个办公楼，还有一个旅馆裙房的商贸中心，后面还有一组旅馆的小楼，模型做得很大。万里就让我们两个人从这三个方案中选出一个。我们两个人也没商量，也不好意思在这个会上公开商量，只能谈个人的想法。我们两个人选的都是现在这个SOM的方案，因为比较实在，我们两个人意见都一样。那时候领导决策很痛快。万里同志说，再问问其他人还有什么想法，问完了一遍以后，没什么太多的想法。他们几个领导商量了一下，就这么定了。

以上这些都是我任清华大学建筑系主任、建筑学院院长期间兼职（无报酬）做的。

我在艺委会时经历的再有一件重要的事情，就是1998年国家大剧院在国际招标之前，是经过艺委会审理过的。我参加大剧院的竞标以后，就不去艺委会了，据了解，实际招标以后的运作并未按原定设想的进行。首先是技术组认真审查每个方案时，有相当多的方案不符合首都的规划，而专家组不予考虑地去评审了。经过了相当长时间，业主令设计单位修改到第五轮的评审，才把三个方案送交中央领导选定。

采访者：李先生，作为一个建筑师，您认为自己作品比较突出的，就是自己认可的作品是哪些？你觉得最让你做得顺心和最符合你意思的，哪个是代表你思想的，最适合你自己的设计理念，你自己做得最顺心的，是哪几个？

李道增：我做得比较顺心的，1958年的国家大剧院、1999年的解放军大剧院都是，没有建成也都理解。当时做得比较顺心的例子还有远望楼、中国儿童艺术剧院、天桥剧场、八一大楼–844工程、东方艺术大厦、大连技术经济开发中心、台州文化艺术中心等。

1. 远望楼

刚打倒"四人帮"以后的1978年，三环路的西北角北太平庄那座远望楼，是国防科工委招待所也很顺心。现在看的话，那是座很简单的小建筑，可是那个时候还属"文革"中被批判了的"高楼大厦"、算是很洋的，刚设计时一般人不敢定风格，设计完了规划局没人敢批、最后还是张爱萍将军拍板。我们设计组在半年之内从设计到施工、竣工。建成后的很多年，远望楼在相当长一段时间，都是亭亭玉立在北太平庄的一大片不高的房屋群里。而今已几乎被高耸楼群淹没、见不到他简约质朴的形体了。房子由低到高是发展过程、这就是历史，历史是珍贵的。

远望楼实景

2. 中国儿童艺术剧院

中国儿童剧场位于北京东华门大街八面槽，其前身是建于 1 920 年的北京真光电影院。设计者是我国著名的第一代建筑师沈理源先生，建筑形式仿欧洲巴洛克风格，是我国保留至今的优秀近代建筑作品，对反映我国近代建筑师在 20 年代模仿西方建筑风格这一历史阶段有其文物上的价值。另外由于它所处地理位置紧邻繁华的王府井商业街和故宫的东华门，在许多老北京市民心中留有深刻印象，是一个值得记忆的地点，所以有关部门要求在对舞台和观众厅进行翻建时保留原建筑北立面，这一历史遗迹片断的保留成为翻建设计过程中的重要因素之一。

翻建设计力图使剧场内部空间非常紧凑合理，立面处理也完全符合《威尼斯宪章》的规定。我们首先对剧场的外部条件及内部要求，在体量上保持原北立面的相对完整，扩建部分从原北面稍稍后退充当配角。在式样上尽量简洁，以突出原巴洛克风格的丰富动感和雕塑感。为使新旧之间形成柔性过渡，我们尝试把原北立面的词汇打碎后重新整合，把原来的构图要素简化、变形，给人以新的感受和文脉上的隐喻。在平淡中见诸创造性，而非过分做作，亦非简单抄袭。

为保留原建筑北立面，首先精心测绘平、立、剖面以及重点部位，如：线角、花饰等，画出大样图，为以后的复原重建工作提供可靠的依据。对于复杂的浮雕、花饰、柱头及牛腿等，在拆房前制作石膏阴模并翻出阳模，根据阴模翻制混凝土预制装饰块，安装在新建的北立面上。对于质量较高而可以再次使用的原建筑配件拆房时妥善保存，重建时继续使用，既可减少加工费用又可保持细部的真实。

北立面实景

观众厅实景

革新观演模式。为满足不断变化的戏剧演出与欣赏的要求，设计加大了舞台和前厅的进深，因而在总进深不变的情况下，翻建剧场观众厅进深减小，两侧有所扩充，呈扁方形。在这种情况下，我们结合戏剧表演改革，从框式舞台的二维表演向伸出式舞台的立体表演过渡这一趋势，设想了将伸出式舞台与框式舞台结合的做法，求得在有限的空间范围内及经济条件下使剧场有广泛的适应性。扩大台唇作为可升降的半伸式舞台，使之升起与舞台面相齐平时可为半伸出式舞台，与观众厅首排标高相同时可布置临时座位，降下时可作为乐池。升降部分分为四块，可同步升降也可分别升降，形成不同的舞台标高，增加使用时的灵活性。

在观众厅顶部加了一个舞厅，地面构造做到绝对隔声，扩大了剧场的多功能使用范围。

3. 天桥剧场

天桥剧场位于北京市宣武区北纬路 30 号。重建于原天桥剧场旧址。剧场占地为 7800 平方米，总建筑面积 22000 平方米。剧场观众厅可以容纳 1212 人，舞台高 31.5 米。地上 5 层，地下 2 层。

设计构思

（1）"场所精神"与剧场的文化内涵

什么是天桥剧场所在地的"场所精神"？天桥相传以当地一座石桥而得名，为一块方圆近二里的地方，始建于元代，已历经700余年的沧桑，一度成为一处包容三教九流、五行八作的闹市。"酒族戏鼓天桥市，多少游人不忆家"，是对当年天桥盛况的生动描绘。至今"老北京"提起天桥仍是兴趣盎然，津津乐道。天桥留在"老北京"人脑海中最突出的印象就是下层平民百姓重要的活动场所，既"杂"且"精"，内容浩瀚。据说是一块以"杂"取胜、以"精"取巧、中西合璧、土洋结合的"民俗文化"发祥地。这就是对这个民俗风貌区"场所精神"最好的概括。

然而再从剧场所代表的文化内涵来看，这是一座过去是、将来也是以演出舞剧、芭蕾为主，兼演歌舞的剧场。舞剧、芭蕾即使在西方也属高雅艺术之列，其演出场所过去是王公贵族出没之地，今日也属上流社会的交际场所，只是在中国尚未形成这种社会习俗。并且，如果把这座剧场与演出流行歌曲的歌厅相比，文化层次要高出不知多少个档次。剧场属于社会精神文明中建设高雅文化的一部分，歌厅仅是一种商业文化，因此从剧场的内容出发就与要突出"民俗文化"的"场所精神"相矛盾、对立了。

（2）剧场的立面构思和设计

这促使我们想起名建筑师文丘里（Robert Venturi）的那句"既要……又要……"的名言。他说得很明白，他要求建筑有多义性，反对纯之又纯，而喜欢杂交、共生的东西。也就是说，方案既在天桥剧场的立面造型上力求做到高雅又有民俗气息，现代又有传统的联想，是民族的又是外来的，是多种对立情趣、意境的共生。如今的外部造型就是这种指导思想的产物。

正立面正中部位用的是拱顶，既显示了内部的现代结构，又有利于引出"天桥"之名本出自古石桥的典故。立面做到远看有势，近看有形，对称的格局原是古典手法，大片玻璃窗又是现代手法。剧场建筑在某种程度上应是城市建筑艺术之精华所在，所以正立面要做得华丽、丰富些，耐看、经得起琢磨、推敲。精心设计很大程度上体现在对建筑细部的设计，这里用了取之于民间的纹样做成大片的铁花作为正面大玻璃窗上的装饰，其他在石拱与墙面上的纹样上也都是民族的花饰，以此强化民族气息和烘托民族的风格。建筑的其他几个立面都做得较为现代，精心推敲了窗与石墙的虚实比例，不再做什么附加装饰了。这就是对天桥剧场外部造型构思的简要说明。

（3）设计中的功能考虑

剧场总体布局承袭原天桥剧场格局，自西向东分为四部分，第一部分为向城市开敞的文化广场，将市民的文化生活与之紧密结合，广场上设有灯饰、坐椅和雕塑，形成一个由城市到剧场的丰富的过渡空间；第二部分为观众厅前厅及休息厅，在进门的大厅的正面墙上设计有反映芭蕾艺术的大型浮雕，两侧有旋转大楼，可以通向各层休息厅，前厅还设计有三组华丽的艺术吊灯，烘托艺术殿堂的气氛。第三部分为观众厅。观众厅设计为三层，一层池座，二层豪华包厢，三层挑台，豪华包厢后均设有与之配套的贵宾休息室，观众厅可容纳1237席，池座设有无障碍席。第四部分为升降乐池，舞台，大、中、小化妆间及组合排练厅，并在二至五层设计有演员之家及办公用房。舞台尺寸为31m×21.6m，采用双层榆木弓子实木为龙骨，面

东北透视图

模型鸟瞰

层楸木面板，达到芭蕾舞表演高弹性和柔韧的要求。

剧场观众厅声学设计均考虑适合歌舞剧的混响及声场要求，保证自然声扩散体的设置。厅堂音质自然，丰满均匀。

剧场地下室为停车库和设备用房。

全楼采用集中空调系统，并设有保安监控和楼宇自控系统。

整体建筑考虑无障碍设计。设有无障碍席位，残疾人员可由电梯直达观众厅。

4. 台州文化艺术中心

台州市文化艺术中心是集多功能剧场、文化展览、艺术培训及娱乐于一体的综合性建筑。位于台州经济开发区8号路东北侧，21号路东南侧，城市轴线东南侧，其西北面是市民广场，东北侧是规划中的图书馆，隔市民广场是规划中的博物馆和科技馆，与轴线终端的大剧院形成城市文化核心区位。

方案构思：

（1）此方案重视广场上四幢建筑之间的总体协调。注意每个单体在体量高度上的和谐关系，并利用墙、廊、统一材质等共同的造型元素创造既多样又统一的总体形象。

（2）充分体现文化艺术类建筑的特征，端庄大方，兼具现代感与传统文化之底蕴。

（3）台州文化艺术中心的建筑主体顶部斜坡形的天际线与周围山水环境的轮廓线遥相呼应，构成一景。

（4）体现地方特色。使用当地石材作为主要外饰面材料，以廊、桥、墙体、内外庭院相互穿插组合成轻松自由的建筑群体，体现南方建筑通透和灵活布局的特点。

西北透视图

东南透视图

（5）运用水面、雕塑、浮雕墙面组织外部空间。水面使建筑与环境相映成趣。喷泉活跃广场气氛，汉"说唱俑"雕塑更是画龙点睛，使外部空间充实丰满，多种艺术形式的交汇融合使文化中心的艺术主题更加突出。

功能布局：

（1）建筑体形分为卵形和长方形两部分。卵形部分为剧场主体，长方形部分为辅助楼。在建筑总体布局上，沿城市轴线布置主体建筑，辅助部分布置在主体建筑的后方。为了四幢建筑之间的总体协调，沿城市轴线和相邻建筑布置"围墙"。

（2）台州文化艺术中心的总体功能分为四大部分：①观演部分，②文化娱乐和艺术培训部分，③文化展览部分，④配套机房。第一部分放在卵形体型内，第二部分放在长方形体型的一、二层，第三部分放在长方形体量的第三层，第四部分放在地下室。分区明确，便于管理。人流大的空间如观众厅、多功能厅、排练厅都集中设置在一层，便于集散。

（3）卵形体和长方体之间的内院，受南方天井的启发是整个建筑的天然空调，有调整通风的积极作用，南侧的条形窗使用遮阳格栅。

5. 东方艺术大厦

一个做得比较顺心而符合我们意图的设计项目，是北三环路上被拆毁的那个东方艺术大厦，是为东方歌舞团做的。那基本上是美国的一种模式。因为美国在建剧场问题上不像欧洲特别是德国坚持那种艺术性很高的传统——他们执着地演古典剧目而花钱去资助剧场经营中的花费；美国是一个重视营利的国家，剧场演出很难做到赢

东方艺术大厦

东方艺术大厦大门细部图

利，所以建剧场一般是得到资助或者和一个五星级宾馆合建。当时我们在为东方歌舞团建剧场时有一个建希尔顿饭店剧场的机会，就选择了这种模式和香港合作。现在虽然很少有人提这个项目，但当时我们对它期望值很高，设计得不仅功能完善，造型和装饰、细部也都很讲究。这点在建成以后得到过不少国内外建筑大师称赞，它的造型外观很有艺术性。遗憾的是当土建工程完成、机械舞台也已到货后却未被安装使用。因为赶上了改革开放新潮，东方歌舞团的一些名演员出国了，还有的走穴去挣钱了，从而解散了。以后又曾被改为俱乐部，现在改得更是面目全非，被拆除了。

6. 大连市技术经济区 9 号地、37 号地规划

大连市技术经济开发区的 9 号地为以演艺中心等文化建筑与办公楼、旅馆为主的综合性文化商务区，37 号地主要为商业区和民俗公园。两块地相连之对角线大致在开发区中央主干道的中轴延长线上，地势也随之升高。以规划通过构造一个由演艺中心起始至公园山顶之民俗塔结束的充满变化的建筑空间序列，将城市主干道的对景与自然地形有机地结合起来。

7. 八一大楼（844 工程）

而今的军委大楼，原来是多年前我们曾参与设计的八一大楼844号办公大楼。后来总参谋部成立了设计院，归口给他们了。当时他们和总后勤部的设计院竞标，双方做了几年一直没有选定方案。总参院要求我帮忙，我适量修改后，手绘了现在建成的军委大楼的立面图，并和他们共同改成电子版图，以后又和他们共同完成施工图，并协助做模型、选材料直至完成施工。这个过程中我还协助他们请过汪国谕和王炜钰教授咨询，那时候我们都是义务的。后来才知道该项目总参设计院得了金奖。因为学校已经推荐我申报工程院院士，我们同事、同行等都知道我为这项目忙过几年，大家认可作为我成果材料的一种上报，首规委领导也知道方案在评选过程中被选中的原因与我帮助修改有关，总参院单独获奖容易引起误会，遂由该院出具了一份证明给我。

军委大楼是军事部门使用的办公大楼，位于军事博物馆东侧，设计特点在于：

（1）和相邻建筑关系采取形态和性格上的对比手法，减弱其相互的可比性，以取得比较协调而又各显特色的丰富多彩的沿街立面和沿街建筑群。

（2）突出坚实有力、威武雄壮的建筑个性，以体现中国人民解放军的"军威"和我国的"国威"。

8. 外交部大楼

外交部建筑群是中华人民共和国对外的门面。其主楼造型，既要重视时代感的表达，又要具有较为鲜明的民族性与首都北京这座历史文化名城的建筑特色。其主楼的建筑性格应能正确反映这是一

八一大楼（844工程）图

军委大楼图

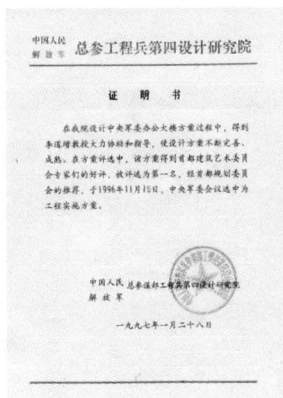

总参设第四计院证明

座有气魄的政府大厦，不同于一般办公楼。

（1）造型考虑

造型应基于国情并与现代功能、材料与技术结合。我所追求的是接通现代科技与有高度人文价值的历史、文化、艺术财富之间的关系，并力求通过建筑形象概括表达社会主义祖国蓬勃向上、繁荣昌盛景象，以及中华民族自立于世界民族之林的志气与信心．而不是去追随当今发达国家建筑的最新时尚。

据此指导思想，在主楼造型上既用了有垂脊的中国式屋顶，又把屋面材料改做成直线的金属材料的。主楼正中部位楼层间窗下墙做成金属材料的披檐，以引起人们对中国密檐塔之联想；窗却用了近代的镜面玻璃，以增添建筑立面的辉煌感，两翼高层的窗与窗间墙用通长直线条求得挺拔向上的感觉，表现政府大厦的性格。总之，用的是既非纯中国传统的，亦非纯西洋现代的语汇。我的思路是力求表达所欲表达的主题思想。只要基本上合乎构图规律，能塑造出一般中国人民大众喜爱的并能唤起对美的联想的建筑形象，就不管什么清规戒律的束缚，该改就改，该依循就依循。这样做当然有风险，但不冒风险就闯不出一条路子来，因为我不甘于跟在外国人后面跑，也不甘于跟在古人后面跑。

（2）功能上的考虑

建筑设计中，功能上的合理、合乎使用要求仍然是头等重要的。现代办公楼的设计，一是要体现效率，一是要舒适。垂直与水平交通的简明、便捷与功能分区上的合理是提高效率的重要因素，在构思中给予首要的重视。

主楼首层平面设计

主楼首层平面着力于解决外宾人流与内部工作人员人流互不交叉的问题。采取的办法是外宾出入口在前，工作人员出入口在后。

外宾进入门厅，通过设在正中轴线上宽敞的直上楼梯，将人流直接引至二楼外宾活动层。大楼梯前的列柱既有仪典性，也有导向性。标准层十字形平面前面的两条腿在首层一侧，是机器通讯处收发文等用房，另一侧是机要通讯员值班休息等用房，室外设有停放十辆专用车的车位。十字形平面后面的两条腿一侧是棋牌厅，一侧是健身房。礼宾司的行李暂存间分设在靠近电梯厅之两侧。此方案将俱乐部放在主楼首层，一侧是综合厅（舞厅），另一侧是内部电影厅。

这些厅相对集中在主楼一层，每逢佳节、外交部可在此举行晚会。平时工作人员上下班、中午从电梯间下来去食堂用餐，在代销点购物，交通路线均非常直接而方便，工作人员出入口朝东南，在背风面，门前有宽敞的架空层，两侧有水池，气氛宜人而亲切，即使部领导在小食堂宴请内宾、下电梯后，经过的环境也是很优美的。部领导及各司局出入用车、上下车、候车都在楼下——司机班就在食堂地下，与地下车库连通，所以出车非常方便，能保证高效率的运行。

主楼二层平面设计

任务书中的对外部分除电影厅外所有大小用房都设在主楼二层，包括每周举行采访者新闻发布会的综合厅，各种大、中、小会客室、中小宴会厅、签字厅等，也采取集中布局的方式。中心为电梯厅与厕所，以宽敞的环行通廊将各类厅堂联成一整体，服务部分设在各个部位。集中布局有利于使用上的调度与管理。一般没有接待任务的工作人员就不会来此层。今后可举行多国外长参加的联席会议，某些外交界的国际会议也可在此层举行，功能上十分明确，即整层都是为外事接待用的。

主楼三层平面设计

全层按任务书要求为部领导办公用房，正部长办公室及大、中会议室布局上居中。十二位副部长与部长助理办公室及秘书室分布在十字形平面的四条腿中。副部长、部长助理办公室不是朝南就是朝东。由于在二层与三层之间设了设备层，所有副部长的用房均可加设专用卫生间。

主楼标准层设计

标准层平面是楼内重复最多的平面，因此平面形式在使用上是否合理，面积利用是否经济，结构形式是否有利于抗震，是至关重要的关键问题。任务书中要求布置成单元式，结合内部使用与建筑外形上的考虑，此方案采用对称十字形平面，中心设置六部程控电梯。此种平面形式在使用上的特点在于能缩短各办公用房与电梯间的距离，充分发挥电梯在使用过程中的效益，首层与各层之间的联系方便，电梯拟采用每秒3米的高速程控电梯。平面的另一优点是所有房间包括厕所都有自然采光与通风，这是考虑到近期除一二三层外不设空调的原因。平面系数达63.4%，标准间面积加上向过道扩展的书架、书橱约19.25平方米，较为经济合理。结构柱网采用7.2米开间，柱距为5米，3米、5米的进深，采用框架剪力墙与中心核相结合的结构体系，由于体型四面对称，有利于抗震。

结构方案

所有建筑拟采用现浇钢筋混凝土、剪力墙的结构方案，按八度抗震要求进行设计。地下室因只有两层，因此必需采用桩基。主地

外交部大楼模型图

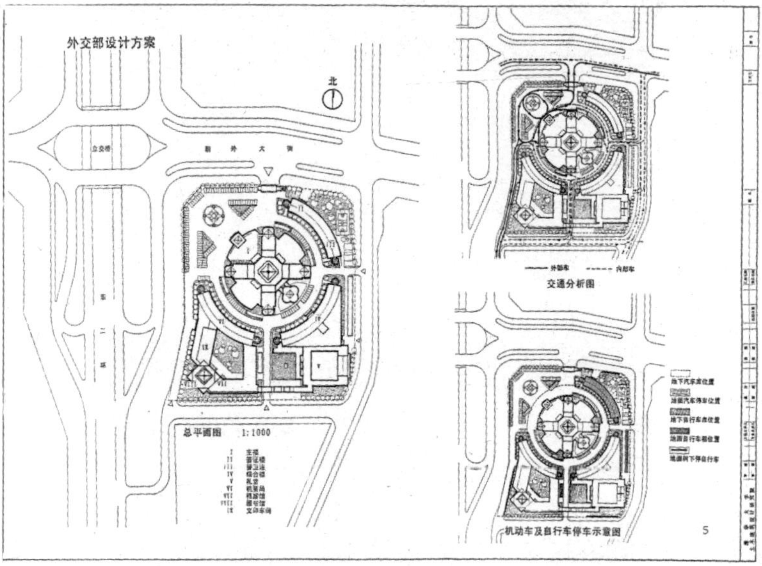
外交部设计方案
北
立交桥
东二环
总平面图 1:1000
外部车
内部车
交通分析图
地下汽车库位置
地面汽车停车位置
地下自行车库位置
地面自行车棚位置
地面树下停自行车
机动车及自行车停车示意图
5

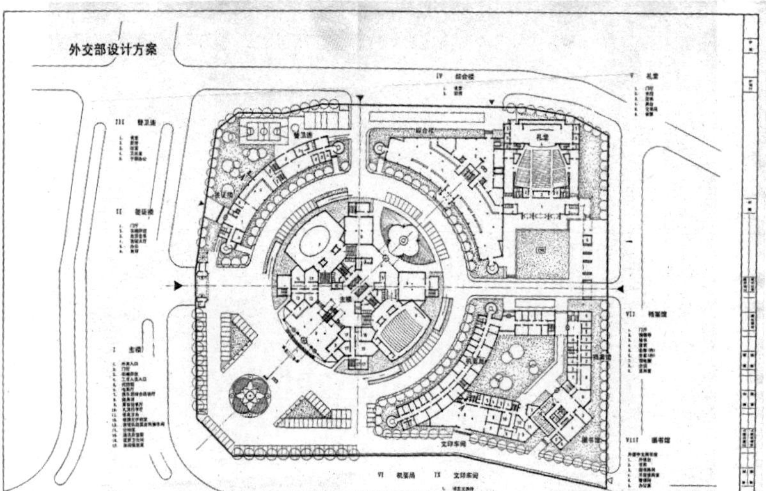
外交部设计方案
IV 综合楼
V 礼堂
III 警卫连
II 签证楼
I 主楼
礼堂
主楼
VII 档案馆
VI 机要局
IX 文印车间
文印车间
N
首层平面 1:500
6

外交部大楼平面图

西北正立面　1:500

西立面　1:500

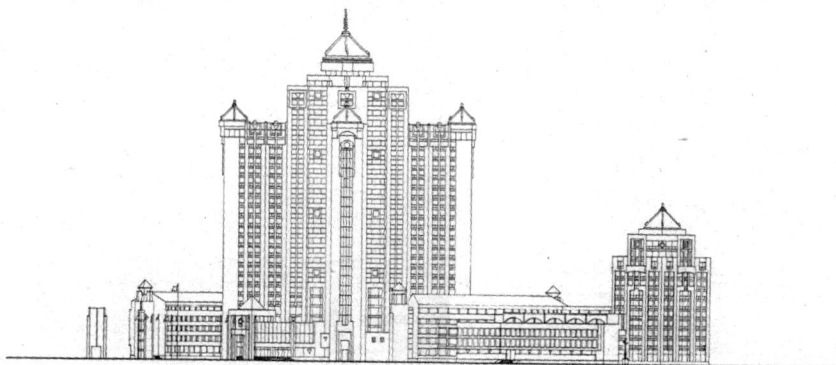

外交部大楼设计方案

下人防层设在标准层十字形平面正下方的地下二层，标高同仓库层，可平战结合加以利用为仓库。机要局地下也设人防。

设备用房

主楼空调、冷冻机房及热交换站、泵房等，设在主楼地下室，占两层高度，设备大型零部件更换，可用电葫芦起钓到地下车库高度的平台上，由环行地下车库通道运出或运进。图书馆书库、档案馆档案库的空调机组与礼堂空调机组均分别设置。程控电话总机房设在 −2.7 米标高的地下室，靠近机要局自动化计算机房的一侧，消防水箱分设在高楼顶部中式屋顶的内部。

9. 建筑者之家

建筑者之家是一个做得比较顺心而符合我们意图的设计。1985 年建筑学会在烟台召开全国年会，举行了一次"建筑者之家"方案的设计竞赛。我们清华的方案获得了第一名，以后形成了相应的实施文件。虽然项目没有得到实施，但此后形成了我的新制宜主义建筑观发表在《世界建筑》。

建筑者之家手绘图

第 6 章

思想者

新制宜主义

采访者：您是国内生态建筑的早期倡导者之一，生态建筑是一个什么样的概念呢？

李道增：所谓生态建筑，就是将建筑看成一个生态系统，通过设计建筑内外空间中的各种物态因素，使物质、能源在建筑生态系统内部有秩序地循环转换，获得一种高效、低耗、无废、无污、生态平衡的建筑环境，生态建筑也被称作绿色建筑、可持续建筑。建筑除了反映高科技的时代精神，还要彰显一个民族在文化上的历史连续性。

采访者：您最著名的建筑观就是"新制宜主义"，您能给我们说说您这个思想形成及它的主要内容吗？

李道增："新制宜主义"主张"因地、因事、因时制宜"，追求一种因地域、气候等自然条件与社会、民族、历史、文化之异而派生出的丰富多样带有地方特色的建筑风格。"新制宜主义"强调城市设计和场所精神。

我的思想受到莱茵哈特思想的启发。20世纪初，德国出现一位世界级的名导演，就是莱因哈特。他就主张在戏剧演出中，遵守"制宜主义"。他觉得每出戏都要有自己的特色，就是跟其他戏不同的风格。对他来说，每出戏都是一个新问题，没有现成的公式可以套用，只能深入剧本中去找出其适宜的答案。他的演出手法与构思非常多样，千变万化。他使当时新戏剧运动为广大群众接受。他的想法很多，艺术感非常灵敏。他是当时"制宜主义"的代表人物。我的"新制宜主义"就是主张将古、今、中、外一切有新建筑风格的手法都包容进去，都为我所用。

开始的这种思想，就是我们学习毛主席文艺座谈会的讲话，然后就是毛主席讲到"古为今用，洋为中用，取其精华，去其糟粕"。我就结合毛主席的这个思想，联系实际，在建筑学会的一次会议上宣读了论文。

采访者：李先生，您提到的城市设计具体都是指什么？

李道增：建筑师造房子不是在旷野里设计和建造，必须考虑所设计的房子与左邻右舍之间的关系。要考虑艺术的整体性。盖的房子要给原来的环境增加魅力而不是破坏。很多的建筑标榜创造性的自我表现，对现在的城市环境与原有的老建筑不尊重，这是不对的。在一些有文化历史传统的城市里，现代建筑过分标新立异，破坏了城市整体的艺术效果及其固有的风格特色，这就是过度强调追求个人的创造性。"场所精神"，就是要注重艺术的整体性，尊重原有城镇环境特色、文脉特征。

采访者：您能举几个国外的或您自己作品的例子具体说明一下吗？

李道增：很多啊，国际上伦敦特拉法加广场国家画廊的新馆设计，这些都被认为是"上乘之作"。城市设计的重要性已经得到各国的广泛重视，是建筑学术讨论的一个热点。清华建校百年纪念性建筑建筑百年会堂，获得了2013年中国建筑学会建筑创作奖、国家建设工程质量和教育部建设工程质量二等奖。你从咱们谈我的剧场设计作品中，关于方案的变更可以看出：我的设计构思是不断运用新制宜建筑观变化而获胜的。我获过奖并实施了的中国儿童艺术剧院、北京天桥剧场，获过奖并未实施的建筑者之家，甚至未获奖、没有得到实施的东方艺术大厦、国家大剧院的历次方案设计等都是遵循这种建筑观的、这也就是某些同行说我的"恪守着的底线"。

采访者：您还提到了场所精神，那么这个又指的是什么呢？

李道增：艺术形式总是为表现一定的精神内容服务的，"场所精神"就是在建筑创作中不容忽视的重要精神内容之一。"建筑的基本目的是去围合空间，形成一个场所，并非仅仅去追求空间的导向。"建筑是缩小了的城市，城市是扩大了的建筑，现代城市不应丢失"场所感"。诺伯·舒尔兹提出了"场所精神"。他认为所有历史文化名城都有这种"场所精神"，并认为人只有与其居留地区蕴含着的场所精神和谐一致，才能获得居留在该地心理上的安定感和满足。就是要发扬城市的地方特色，城市空间要作为一个"场所系统"与人的社会活动密切结合，要有"中心"，有"街道"，有"区域"，这些都是人们相互间进行社会交往的重要场所。

采访者：那么在建筑设计中，应该如何体现"新制宜主义"呢？

李先生：我用三句打油诗的形式来说明一下，那就是"情理之中，意料之外；得体切题，兼容并蓄；妙在似与不似之间"。

采访者：什么叫"情理之中，意料之外"？

李道增：就是要打破常规的想法，使别人看了有意料之外的感觉。生活的真正意义在于它的创造性，建筑师有超前意识是值得鼓励的，但首先应该在大家公认的"情理之中"，是有理想的现实主义，而非一味地自我表现，建筑一定既要符合适用、经济、美观，又要建立在功能、技术、经济基本合理的基础之上。

采访者："得体切题，兼容并蓄"应该就是要紧扣主题，并且综合各方所长的意思吧？

李道增：对，得体就是要把握好分寸，在处理总平面中各栋建筑空间形体上的关系或与建筑或与自然及其相互之间的关系，都要考虑是否得体。如果设计的建筑是配角，就不要与主角抢风头。老话中的"喧宾夺主，过犹不及"一定要记住，宁可有节制地欠缺一些都不要过了头。切题就是要紧扣主题，这样表现才会有力度。就比如你要品尝篝火的滋味，仅看一眼是不行的，必须身临其境，这才会有比较深刻的印象。"兼容并蓄"就是在处理矛盾的时候，要求同存异，各自发挥所长。

在 1998 年国家大剧院国际招标时我作的第一轮方案的设计构思中，我这样阐述：不应为了突显"标志性"而设计成一个标新立异的"外来物"。因为"故宫、天安门"已经是牢牢镌刻在中国人民甚至全世界人民心目中的中国"标志"；1958 年建起的人民大会堂和革命历史博物馆传承并反映了当时的时代气息，与之构成了天安门协调的整体氛围。经过 40 年发展后国家富裕了、开放了，再添新建筑也只应做一个"配角"去强化气氛，不应视而不见地去"夺"。为了给天安门增色，我在方案中尽量用了一些新想法、例如：北立面做成弧形和大台阶，能使更多的从长安街过路的人们看到"远看有形、

1998 年大剧院模型图

近看有势"的大剧院。总之，我是力图把它设计成一座既有民族风格又显新气息的艺术殿堂。遗憾的是我的这些良苦用心被强势的西方文化吞没了。

采访者：如果很多的艺术手法混在一起，会不会变得很杂，甚至四不像呢？

李道增：有人担心这种兼容并蓄可能是画虎不成反类犬，如同走钢丝绳一样，可能获得成功，也可能失败，成功和失败之间只有一条很窄的分界线。如此说来，正因为有风险才叫创新啊，没有风险，叫什么创新啊？

采访者：就剩最后的那句"妙在似与不似之间"了。

李道增：这是齐白石老先生说的，这是他对中国绘画艺术思想精辟的概括，也是中国传统艺术共有的哲理。中国艺术和西方艺术不大一样，中国艺术比"写形"更重要的是"写意"、"写神"。绘画与雕塑重写实与抽象兼而有之，图像与戏剧中又相当讲究程式化与象征，均"妙在似与不似之间"。这个哲理对我们今天的建筑创作也不无启发。"制宜主义"主张创造建筑形象提供人们对文化历史的联想。文化有两种，一种有形，一种无形。在2011年我们完成的百年会堂外形中不是可以体会到新清华学堂好似质朴的皇冠，音乐厅在阳光的照射下显示的琴弦形式？

采访者：有形、无形具体指什么？

李道增：有形就是看得见的文化。如一般所指的绘画、雕塑、

百年会堂实景

建筑、戏剧、音乐等，无形就是看不见的，如生活方式、风俗习惯、宗教、哲学等。一般建筑师都比较注重有形文化，其实无形文化也十分重要，不可忽视，有很多传统文化的精髓都在里面。

建筑艺术与其他视觉艺术相比，更多地依赖其形体与空间组合中的布局与集合关系，进而至结构类型，新材料、新技术手段的运用等，也就更依靠人们的抽象审美趣味。人们受教育程度越高，见识越广，更容易接受抽象的审美趣味。只要艺术家的功力深厚，在"似与不似之间"的艺术形象更耐人寻味。

采访者：您能举个例子给我们讲讲吗？

李道增：就像贝聿铭在卢浮宫前设计的玻璃金字塔，丹下健三设计的代代木体育馆，其造型都与传统文化具有"似与不似"的联系，以此来启发人们对历史文化的联想。我们的目标是运用"似与不似"的哲理表现文化含义。

还有一点就是要重视细部设计。好的建筑要可远看，可近看，在不同尺度上都要经得起推敲。人们称某一建筑"远看有势，近看有形"，细部设计对建筑的近看起了很大的作用。建筑设计可以简单地分为三个层次：总图、个体和细部。与国外的设计水平相比，我们差的是总图和细部，但是总图设计因为涉及整体造型和布局，还有城市规划部门在抓，即使经验不足，还算不上很糟糕。但是细部涉及很多建筑师的艺术功力、知识经验都不足，还不能引起重视，所以跟国外差距比较大。我们可以到欧洲的罗马、佛罗伦萨、维也纳、巴黎等历史文化名城去看一看，就能明白西方的古代和 19 世纪的建筑细部装饰对其艺术造型起着的关键性作用。再到美国、日本等地，发现他们的现代建筑细部表现出了大工业的力度和精度，再看看我国，建设量世界之最，但就细部设计而言，还是差距很大的。我国的建筑设计用上玻璃幕墙、铝合金板、抛光金属板、观光电梯就觉得时髦，其实建成后更像暴发户。精心的设计很大程度上都体现在细部设计上，很多关键性细部，最好在施工中先搭出模型来，征集专家和大多数人的意见，这样心中有底，不至于犯大错误。其实这差不多就是"新制宜主义"的内容了。

全球化与建筑

采访者：李先生，现在已经进入全球化的时代，您怎么看待全球化这个问题和它跟建筑之间的关系？

李先生："全球化"这个词是从西方引进的，目前已成为最流行的口号，经济的"全球化"、金融的"全球化"，当然还有科技的"全球化"，等等，俨然已成为我们这个时代世界发展的大趋势。要说经济、金融、科技的"全球化"，"区域一体化"，相对来说似乎还较容易让人接受。文化则不同，"文化"应是有别于他人的特殊性，实际上不同文化之间从来就是交流不断的，但交流互补并不是也不可能让原本不同的文化"化"为一体。"文化"这一概念本身就是建立在人与人、族群与族群不同的前提下的。因此"文化全球化"从任何意义上说，都是根本不能成立的。

一旦"文化"真的实现了"全球化"，就必须消除造成文化分野的各种自然地理与社会环境条件，铲平各国、各民族、各地区之间不同的语言、文学和历史文化传统，但是这一切是"全球化"根本不可能实现的。倘若"文化全球化"仅仅是指文化的自由交流与频仍地交流，那么这样的"全球化"岂不是从来就存在？仅仅是传递媒体的改变，信息流通的加快，旅行交通之迅速方便，难道就能改变文化的基本属性？在理论上"文化全球化"是说不通的。

采访者：我们常说经济全球化会带来全面全球化，会对文化产生影响吧？

李道增：当然，经济全球化带来的后果必然反映到社会文化等相关的领域里。如今文化日益成为一个国家综合国力的重要表征，文化的交往和传播越来越成为各国相互关系的重要方面。强势文化借助其经济与科技的优势，向弱势文化施加影响，西方文化和价值观随之向别国渗透，打着"文化全球化"的大旗，使世界各地文化在盼求现代化的渴望中走向"趋同"。

采访者：这个全球化与建筑有什么关系吗？

李道增："文化是城市的灵魂"，"建筑是文化的表征"。建筑艺术是所有艺术门类中最贴近人们生活的一种艺术。从艺术的角度看，在一定意义上说，建筑是缩小了的城市，城市是扩大了的建筑。建筑、城市都是文化、文明的载体和象征。

看一座城市如同看一个人一样，先把握其形态、轮廓，再观其品位、体悟其精神气质和价值取向……每座城市都有与其自然环境相适应的历史和人文特色以及个性。其与众不同的特色和个性，如利用得当，在艺术层面上被发挥到极致，加上多年文化的积淀，就能让人感悟到此城是有"魂"的，"魂"意味着文化精髓之所在。中国古代艺术家所追求的"神韵"就体现在这个"魂"字上。不用说本地居民对其热土有很强的认同、归属感，外地来客到此一游，除感叹景观优美外，在精神与感情上也会产生一种落定的感觉。不少日本人到了扬州就不由自主地说："到了这里就没事了"，意思是说心定了。浪漫的法国文化是巴黎的"魂"，正是巴黎的"魂"成就了巴黎的时尚，使巴黎成为世界的时尚中心、艺术之都。

城市的"魂"加上民族的竞争力，左右着城市文化在全球竞争中的排行名次。中国人除少数学者外，多数人只看重经济和科技，对自己城市的文化特色尚未给予足够的重视。就建筑与城市而言，已在各个层面上和中国文化交织在一起，无论是纯理论的学术探讨，还是现代化的创作实践，都密切地混合在一起，多年来深度融合，分不出你我来了。外来的建筑学基本理论甚至构成了中国建筑设计、规划理念的重要组成部分，不中不西、亦中亦西、互为作用，分不清什么为"体"、什么为"用"了。

但要思考中国建筑对世界建筑的责任与贡献时，作为一种持续了五千年的中华文明，"外来的"与"本土的"是有区别的。"他"又不是"我"。因此从我们本土生长出来的东西千万不能轻易丢失；本民族的独立地位、主体地位也不应被遗忘。不管我们从理论上吸取哪一家思想，实践上采用哪一家方案，也不管我们怎样吸取，这里面有一个选择的问题。始终是我们在吸取、是我们在选择，这是前辈学者谆谆明示我们时刻要记住的原则。

采访者: 很多人说中国传统文化就剩一个空壳了。

李道增: 绝不是这样的。中西文化除了你中有我、我中有你的关系外,许多研究文化历史的学者还可讲出人之所无、我之所有,人之所短、我之所长,人之所少、我之所多,等等。西方文化不是文化的唯一标准。中国文化及其所体现的智慧,正体现它是"中国的"。

采访者: 怎么去理解"本土文化"?

李道增: 建筑风格的民族性和本土化曾是 20 世纪 20 年代以来中国建筑师一代又一代的创作追求。20 世纪 50 年代曾出现过"民族形式,社会主义内容"的提法;20 世纪 80 年代改革开放后改为"民族风格、地方特色、时代精神"的提法,涵盖的设计理念是力图在传统和现代之间寻求某种结合点。从"形似"的视角出发,从传统中摄取具体的图形、格局、做法、符号,用在建筑布局和造型上,或者加以形式重组,借以表达某种历史文化感。按照这一思路,虽然也创作出一些艺术水平较好的作品,但总体来说,终究显得有那么一点原创性不足。很多人对本土文化及传统文化的理解仍停留在形式的表层,眼光集中在形式上,而忽略了中国艺术最关注的是最深一层的问题——"神韵"。从文化的角度去理解传统建筑,至少可分为三个层次:第一个层次属最表层的建筑形式和做法,都是一些最具象的东西,如屋顶曲线和翘角,木构架样式,檐梁、斗栱、围廊、马头墙、铺地,门窗、门头、窗棂格,装修、彩画、装饰纹样,民居与民间建筑的通风、隔热、防寒、防潮、防水、防震、防风、防尘以及营造法,等等。第二个层次属建筑组合中的具体方法、程序和规律，如拼接院落空间的组合方法和轴线的运用，建筑实体的构图和几何关系，几何与自然形态的互补、互动，空间模式与人们行为模式的契合，空间序列的组合，园林空间的各种意境和手法，结构构造所具有的内在艺术表现力等等。第三个层次则属于城市、建筑、环境与艺术相关的理念、话语、典籍、著述……

采访者：您能不能结合一个具体的建筑来给我们谈一谈？

李道增：那就谈谈"建筑者之家"。

1985 年中国建筑学会在山东烟台开会，会上提出一个议题，就是建设一个建筑工作者度假、休养和进行学术交流的场所，平时也可以对游客开放的"建筑者之家"，会间举行了设计"建筑者之家"的方案竞赛。竞赛结果，清华的方案被选为第一名，我们在方案构思过程中反复分析比较，最后也得到评选委员会的肯定，但是我总觉得难以达到高水平的要求。

当时我们想的是要能反映当前中国建筑师创作水准，所以也很难做啊。选址的地段周围环境不错，但地段内的地形地貌却很不理想。整个地段大部分处于自然低洼处，比城市主要道路及周围地区要低。东面虽然面向大海，但是站在低处自然地平上却望不见海景。而且工程资金非常有限，施工条件、建筑材料都有制约，要做出高水准很不容易。

我们对实际情况作了分析后，第一就是想到要因地制宜，形成了几个想法，首先要在文化气息上多做文章，建筑的气氛要适宜，要亲切。第二就是建筑应该以多层为主，当然也不宜搞得过于分散，会影响沿海的园林气息，就是说建筑的集中与分散一定要掌握得当。还有最重要的一点就是要合理巧妙地利用地形高差，有主有次，室内外空间有变化、有特色。

基于这三点想法，我们的方案将主要建筑物环绕布置在地段北部和西部的高台上，形成对中部低洼地区的半环抱状。这样，主要的使用部分可以有较好的朝向与风景视野，又有条件避免大雨可能出现的涝灾，还有很好的园林气氛。你们可以看看图。

采访者：很美观。

李道增：不仅美观，我们还非常重视它的功能问题。其实功能问题才是建筑最根本的问题。解决功能问题本身就是建筑艺术构思的一个组成部分，既要合理，又要巧。我们在推敲了地形标高后，第一是恰当地确定入口层标高，在上下错落的多层建筑中，我们取了中间层作为入口层，安排了门厅、休息、音乐茶座等，这样可以使上下的垂直交通比较均衡，同时可以与入口广场在同一层，减少土方量。我们又将大餐厅和厨房布置在同一层，各层都可以与客房层相通，由门厅去后部客房的主要人流又不与厨房和餐厅之间的供应路线交叉，用这一办法解决建筑部分交通问题比较合理方便，体现巧妙地利用地形的特点。第二是将公共部门相对集中，位置居中，使其与一期工程、二期工程以及相对独立的北京市建筑设计院用房方便地联系起来。第三是做到使主要公共活动房间都能面海。第四是将所有的辅助后勤部分相对集中，布置在一侧，三个不同的厨房共用一个杂务院，并与后勤共用通道相连，交通便利。在上述的功能问题解决后，大体的构思也就成了。

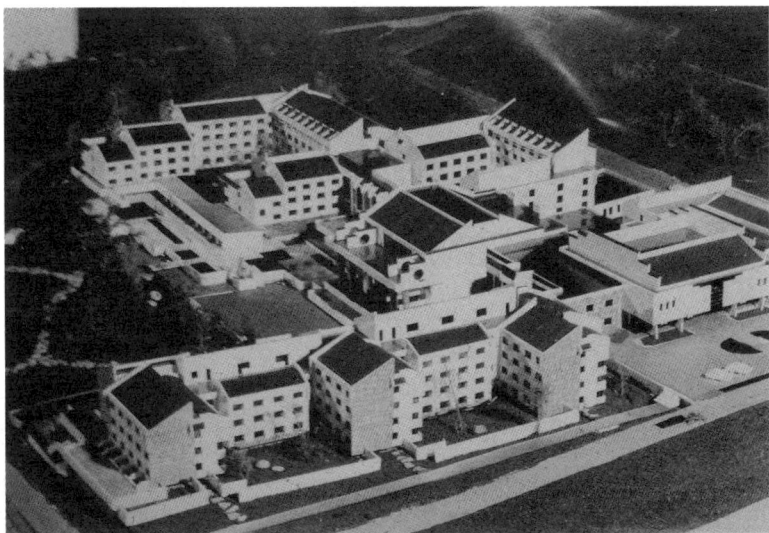

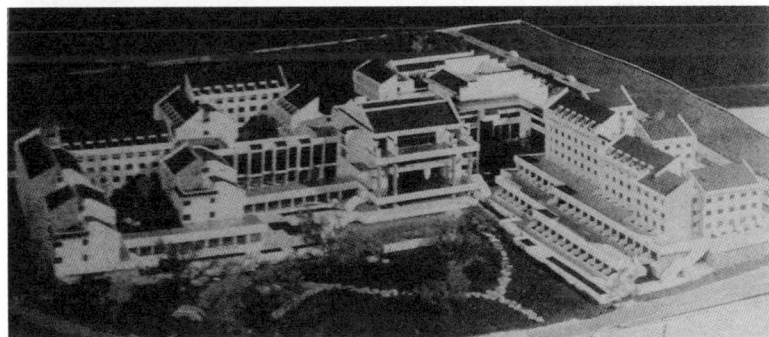

1985年全国设计竞赛一等奖，1989年部分建成，总建筑面积3600平方米，为全国建筑工作者会议、休息、学术交流活动之用

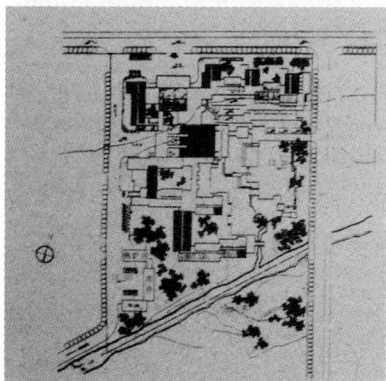

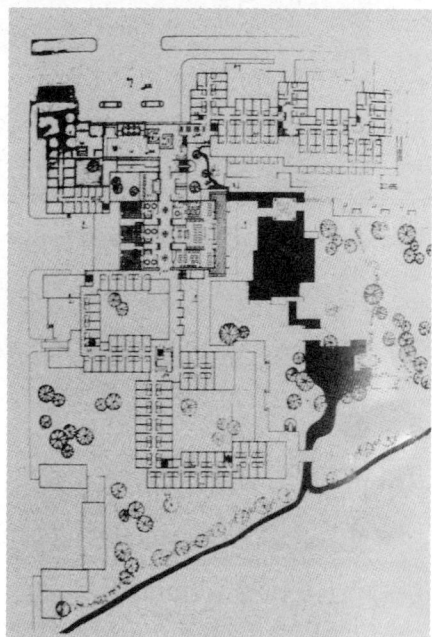

采访者：建筑者之家的风格有什么独特之处吗？

李道增：对这个设计来说，既要有独特的艺术构想，又要有时代气息，还得有中国的民族风格和地方特色，这是很不容易的。要做到时代气息，并不是说非得要在新材料、新技术方面与现代工业发达国家的建筑水平看齐，而是实事求是根据我们现实的国情，做可能做的事情。

采访者：我们现在好像都对建筑形式"千篇一律"不满，要求有所突破。

李道增：我们的心情也一样，我理解的创新与建筑上的多样化，并非简单地追求形式上的标新立异，如果忽视我国的国情，忽视建筑物的功能要求，忽视经济的制约，忽视与特定的物质环境、社会文脉环境的结合，一味热衷于追求"新""异"，那么设计创作会被引到不健康的道路上。

采访者：那么您怎么看待创新呢？

李道增：建筑师应富有创新精神，但创新意味着更多地在尊重人、尊重环境、尊重历史上下功夫，实事求是地面对各种制约条件进行探索。创新也意味着要追求一种特色的美，性格的美，个性的美，更意味着敢于不保守地尝试把国际上的新手法与本民族、本地区的传统手法合理地有分寸地结合起来，使之浑然一体。

传统与现代

采访者： 您如何理解传统和现代？传统建筑和现代建筑有什么关系？

李道增： 关于传统建筑，各有各的看法。我是在上海长大的，跟北京长大的人不一样。上海没有那么多传统中国建筑，我们一生下来乃至后来长大都是在洋房当中，这种建筑不新也不老，反正上海人称为洋房，什么式样都有，法国式、英国式、美国式，也是一种传统建筑。通常说的传统建筑，可能指的是纪念性的，有大屋顶。反正传统就在生活的周围。

采访者： 传统和现代的结合，不管是对纪念性的建筑，还是对民居而言，都是一种理解传统的关键。

李道增： 我们小时候的印象，洋房就是外国人设计的那种。上海也有老百姓的民居，那是破房子、棚户区，就是真正的民居，它没有砖，就是拿竹片砌成的，一个竹片编成的，倒下来是一大片的，竖起来就是一个墙。开一个窗也很困难，上面有瓦屋顶就算好的了。

对中国建筑的认识，是来清华以后才接触到的，包括四合院。我们班里的关肇邺是广东人，但是他在北京四合院里长大，所以作设计，他第一个设计出中国大屋顶形式，他设计了陆军大学的体育场，就画出来那个中国式的大屋顶。对他来说，他的底子，就是从四合院里出来的。我们来北京上学，去参观调研龙须沟，通过调研了解了一下北京的城市规划情况，南区除了永定门和天坛，都是很破烂的老建筑。我们到苏州去过，除了寺庙是中国式的老房子外，民居也很少。那时候我们还不知道什么叫民居。

采访者： 梁先生应该会培养你们这种感性的认识吧?

李道增： 我们初到梁先生门下，信息不像现在这么发达，从艺术上讲，你设计的东西，体现的就是你的生活背景。学生几乎是一张白纸，老师怎么教我们就怎么做，你教他现代派思想，他就觉得有道理。画画设计是另外一回事了。画画和设计，要有建筑理论思想的指导，什么对的，什么情况下做法就错了，通过平面图，老师都可以指点出来。

那时候受梁先生的感染很深。梁先生开始讲的建筑的理论比较多，教室全挂满了画板，一个一个讲，我们和高班的同学一起作设计。当时中国没有自己的一套建筑教育的教材，都靠自己做，靠跟着营造学社已经画成的建筑学习。跟着梁先生引进的、基本上学洋的思路，就是现代主义的思路去做，形成自己的看法，加上年轻人都喜欢创新，新的东西很来劲，哪个老师能够辅导出学生做出新的东西来，就算好老师。

我们过去一般教学也是从做一个亭子、做一个古典式的园林开始，就是黑白渲染的经典的希腊罗马的柱式，花了很多工夫，画出来很精致，也就是现在常说的法国学院派。到了1947年梁先生去美国评审联合国大厦方案开完会，带回国际上新兴的、德国包豪斯的那一套体系教我们班。这套体系认为社会发展了，生活也变了，材料变了，功能也应当变了，如果形式还服从古典的形式，就没有道理了，应当演化出来你自己的新一套的构图的方法。包豪斯其实就是批判古典的学院派。当时这种新体系在美国还没有成熟的一套，梁先生就把古典的那一套，跟包豪斯的那一套，一起都跟我们讲了。我们学生也不懂得到底好坏，我们就是特别赞成新的年轻人的，认为形式随功能也有道理，不随功能随什么？还是根据过去老传统形式就不适用了。我们是年轻学生，各有各的主张，总的来说，心态比较多样。可是不管怎么样，我们思想中留下了西方新建筑的理论，根子已经扎到我们思想深处了。所以我们做事情都离不开适用、经济、美观三个方面。适用、经济为主，美观还是次要一点的。1948年以后苏联专家来了，他们跟英美不一样，强调建筑艺术之美的文化，他们做工业建筑，也都搞上了大屋顶。

采访者：如何看待传统和现代的关系？

道增：我觉得要有每个地方的民族特色、地方特色，这样世界才是丰富的，不然太单调、太寂寞了，都是一种方式跟国际接轨，这个世界也没有意思。所以，我主张文化要有多样性。传统要跟世界先进技术融合起来，进行创新。创出来的东西是中而新的，不是中而古的东西，既要有中国味道，也要有现代气息。光谈继承，没有创新，就没有生命力。所以必须把中西文化融合起来，汇合起来，然后搞出新东西。

采访者：就是在继承传统的基础上，创造出新的东西？

李道增：各方面的启发都可以，不带局限的，要从环境出发。像贝聿铭设计的苏州博物馆，这是跟环境结合起来了，不是不尊重你的环境，我另搞一套。现在很多国外设计师，不管你的环境，就搞另外一套，做个天外来客。

我们也是从年轻人成长过来的，我们年轻的时候都是比较赞成新，要创新，但个人爱好是个人爱好。我长期在系里待着，我听到过各方面的看法，也挨过很多批判。总的来说，我觉得还是建筑不能有一个什么通用到世界范围的风格。因为我所看到的我喜欢的建筑，都是在特定的地点，代表特定的民族文化和爱好然后出现的东西。所以我希望建筑还是有点多样的风格。像语言一样，我们说中国话，人家说英文，好像都比较自然，世界语我不赞成。现在各个民族有自己的语言，我觉得挺好的，保持一定的文化，不要做成全世界就是一种风格。我是主张多样化的，丰富多彩的，一个国家也好，一个地区也好，跑到哪一个地区，有自己特别的风格出来。即使有很多共同的原则，也可以从共同原则底下有不同的风格出来。

建筑文化总是从高处往低处流，文化有高有低是客观存在的现象。比较发达的国家，积累比较多，是比较高的优势文化，它往低处流，那是必然的趋势。可是你比较弱势一些的民族，要有自己的自尊心，要保护自己民族的特色。虽然工程的东西也可以吸收一些，不过不能够吸收到看不出民族特色来。中国很大，各个省有各个省的特色也很好，安徽是安徽的样子，浙江是浙江的样子，东北也有东北的样子，内蒙古也有内蒙古的样子，四川也有四川的样子，都挺好的。你何必老要学北京的样子，那也没有必要。所以我的意见就是灵活性多一点更有生命力。

第 7 章

院士印象

一位理想主义者

李守旭（教授级高工、航空规划院院长）

李道增先生：晴空下的深海，静水深流。

李道增：建筑教育家、研究与实践的建筑学家（85岁，求真、向善、唯美）。

教育主线：理论结合实践，实践反馈理论，支撑教育（社会学、行为心理学、生态学）。

人生态度：正向，正能量。积极，向前看，40余年国家大剧院研究与设计（清华大学百年会堂，38轮方案设计坚持）。

人生修养：宽厚、深沉、前瞻。

哲学大成：新制宜主义建筑学。

李道增先生是一位崇尚美好的理想主义者。他有他的坚持，不顾个人名利的坚韧和毅力，面对屡受挫折的人生始终不变初衷，坚守着理想。他面对纷繁复杂的社会现实，他有不解甚至苦恼和不满，但他始终无怨无悔不消极，他自强不息。

我眼中的李先生

朱文一（教授、博士，清华大学建筑学院第五任院长）

李先生首先在我的印象中是学识渊博。因为我是（20世纪）80年代到的清华，当时我印象中有几个建筑学中新的领域，像环境行为学、绿色建筑，李先生都是最先进行研究的人。还有很多建筑理论名著的翻译，比如亚历山大的《建筑模式语言》，都是由李先生组织的。建筑创作是李先生毕生的追求，其中尤其是剧场。他十年前的专著《西方戏剧·剧场史》给我印象深刻，实际上李先生对剧场的研究从20世纪50年代的国家大剧院设计就开始了，到今天持续了半个多世纪。现在中国做剧场的人，一大半都是李先生这个团队中的人，都是李先生的学生，遍布祖国的大江南北。总之，李先生一生的学术追求，是我们这一代人的榜样。

关于和李先生的零距离接触，我非常荣幸，曾经在1998年清华大学团队参加国家大剧院竞赛的过程中，在李先生的带领下参与了方案修改，被李先生创作的执着、设计上的细致深深感动。

作为建筑学院的院长，有一点还要提一下。1988年我们从建筑系升格为建筑学院，李道增先生是第一位院长。从1946年梁思成先生创办建筑系，到1988年成立建筑学院，到今天学院有四个系和若干研究所，李先生在清华建筑学科的发展中起到了里程碑的作用。

再说说李先生对人才的培养。李先生可谓桃李满天下，比如清华大学设计研究院的庄惟敏教授就是李先生的博士，在很多方面也传承了李先生的学术研究领域。李先生还有许多弟子战斗在祖国建设的最前沿。另外还要说一下李先生的治学态度。李先生本人对学问的要求非常严谨，在博士生论文的答辩中，李先生提出的意见总是非常的准确和严密，让大家受益匪浅。尤其是在现在的社会风气之下，这种精神特别珍贵。

（此为朱文一教授在大学暑假"学术人生"报告会上的讲话，选入时略有删减）

我与李先生

张华（教授、博士，三磊设计研究院院长、总建筑师）

我 1979 年考入清华大学建筑工程系，是"文革"后清华恢复建筑学招生的第二批通过高考入学的学生，1984 年本科毕业后跟随李道增先生攻读硕士学位，主攻中国近代剧场发展史，1987 年获得硕士学位后继续追随李先生攻读博士学位，转向城市旧区更新方面的研究，并于 1991 年获博士学位。我应是跟随李先生时间最长的研究生，也是李先生指导下第一个获得博士的学生。

1. 关于剧场研究与设计

在进行剧场研究选题时，由于李先生的长年积累和广泛深入的国际考察，有关西方剧场的资料已比较多了，而沿着中国戏剧发展脉络对中国剧场的研究还近乎空白。我们知道世界上有三大表演体系——斯坦尼斯拉夫斯基、布莱希特和梅兰芳表演体系，对应不同体系的观演模式与空间形态也完全不同，而中国近现代又是一个中西、新旧文化激烈碰撞、相互交融的时期，这段空白和对这段历史的兴趣决定了中国近代发展史这个选题。

我在李先生指导下首先对戏剧知识和历史进行了学习，进而进行实地测绘考察和档案调查。中国传统观演场所呈现为戏台、戏园，在乡村通常和庙会相联系，在城市和茶园、商会相结合。而中国近代剧场是在近代西学东渐背景下随着新剧和新的建造方式引入的，我正好写了这一巨变时段的剧场简史。因为时间比较短，我从中国传统戏台的调研、测绘开始，进而挖掘戏剧观演与中国传统社区和文化的关系，对物质表现形态后面的深层次文化背景进行梳理。而新剧主要集中在当时最发达地区上海，值得庆幸的是当时租界里建造的剧场图纸都在档案馆保存良好，由此我们对近代剧场有了更加深入的了解。

在这个过程中，作为一个学建筑的学生，在那段时间里接受了很多建筑以外的东西，这对一个人全面知识的延展很有帮助。为了研究剧场近代史，也学习了很多中国近代文化方面的知识，所以我觉得不光是学了建筑，对文化的理解也加深了很多。之后又去调研，因为在那个时间段内，很多近代剧场在书本上是找不到的，我们除了下到乡里面去测绘戏台之外，同时也深入中国近代剧场发展最先进、最快的地方上海做了很多基础调研工作。这个过程很锻炼人，锻炼了学习能力、知识梳理能力、交往能力和个人独立能力，对我以后的学习和工作帮助很大。

李先生的科研工作特点是"任务带科学"，就在这个时间段内，我们有一个中国儿童艺术剧院剧场的改扩建任务。这个儿童剧场正好就是中国近代剧场的代表之一，新中国成立前叫"真光电影院"，由中国近代建筑师沈理原先生设计，建筑外观是简化了的巴洛克风格，很有时代代表性，是在中国北京建成的比较早期的剧场，所以已被定为文物保护下来。剧场室内部分经过很多年时间已无法满足使用要求。所以这个工程的要点是找到保护外观技术上切实可行的方法，与此同时对观众厅、舞台进行全面改造以适应儿童剧的演出。改造这个剧场时就跟李先生改，作了很多观演模式的研究和探索，在这个剧场里边作了很多尝试。在观演模式上可根据戏剧不同需求进行伸出式舞台和镜框式舞台之间的转换，适应多种表演形式使用的可能性。在话剧表演的时候，加强观众跟演员的接近度，视线、音质、灯光等都作了很好的处理。同时我们还要做好文物保护的工作。我在攻读硕士期间完成了方案设计，后来在接着念博士的过程当中，把这个方案变成了施工图，李先生给了我一个非常难得的实践机会，当它真的建起来时，我感觉运气太好了。李先生指出了一条理论与实践相结合的道路：让我去找，找文化部、跟儿童剧场的人联系。在这个过程中，我觉得也锻炼了很多实实在在的解决问题的能力，这个能力对我以后自己开事务所帮助非常大，因为很多麻烦事情都需要自己来解决。

2. 关于城市问题的研究

在攻读博士期间，我们的研究视角从剧场转到城市问题研究领域，这一转向与儿童剧场改造经历有关，也得力于李先生高度的前瞻性。

改革开放以来中国百业待兴，城市快速发展，而西方已经完成了高度城市化进程，在中国大拆大建的时代，西方正在反思城市文化问题，李先生非常有前瞻性地主导选题以城市旧区整建作为研究方向，切入点是旧城整建中的个性、整体性和历史连续性问题。现在想起来使我自然联想起当年梁思成先生对北京城市文化的保护意识和观点。二十几年后反思这一问题，千城一面、缺少文化、缺少个性已是普遍认知。在我们20多年前选这个论文的时候，内容关注城市化过程当中的文化层面，题目是"旧城整建过程当中的若干艺术问题"，副标题是"城市的个性、整体性和历史连续性"。在追求高GDP背景下，建设速度和城市扩张让我们忽视了城市和人的关系，如果城市不考虑人的感受、不考虑人对场所的感知、不考虑人的认同感，那么失去人文关怀的城市是什么呢？

在研究过程中，李先生指导我把中国以及当时西方的所有的理论梳理了一遍，给我开了一个大书单，摞起来很厚很厚，读了很多书，这些阅读、思考和写作对我离开学校作为实践建筑师仍产生了深远的影响。特别是与理论研究相结合的实践过程，记得我跟李先生和其他老师、同学一起在福州马尾选了一些比较适合的小城镇进行实践，我们一起在小镇吃住、测绘、调研、讨论，完成小镇发展规划的工作，让这些小城镇能够保留鲜明特色的同时发展起来，我感觉李先生在我们整个研究过程当中，跨度很大，关心理论和实践，同时也非常注重建筑与城市和人的关系，这使我体会很深。

跟随李先生学习

梁进

我从1981年到1985年在同济大学上了四年大学，获得了工学学士学位。1985年被同济大学推荐免试到清华大学读研，是李先生的第一批推荐研究生，也是李先生亲自到同济去面试的。1985年到1988年在清华建筑学院，获得了工学硕士学位。我的论文是《戏剧表演空间形式的转换》。

当时在读研究生课之外，我跟李先生作设计的项目是北京青年艺术剧院的设计，这原来是北京市很重要的项目。青年艺术学院表演系重要的方面是话剧，剧院地址在王府井长安街北边。那时候青艺比儿童剧院还重要。

来清华后感到与同济的一个明显的区别是两个学校风格还是不太一样的，清华建筑是现代的，对建筑的细部关注度比同济要高，这个我感觉得很明显。

若说中国的建筑分成几派，原来我不知道，是不是戴念慈写过一篇文章：就是《京派、海派和广派》？从格局和建筑的形式两方面来说，这三派都是有些不一样的。比如说同济的建筑更西化一点，清华的建筑是现代的，但同时考虑到中国传统，和中国的一些传统要素结合多一些。所以说，至少海派和京派在这个方面是有区别的。我感觉同济算海派，它基本上是全盘西化的。像同济的冯纪忠老先生，他在包豪斯受过训练，所以用当时学生的用语来说，他基本上是很洋派的，是不大管中国传统的要素。但是上海的有些元素他多少管一点。比如说石库门，但是石库门也不是中国本土的，就已经是殖民地建筑的东西，只是说和当地的建筑有所结合，但是不能说是和中国的元素相结合。所以清华的很多的设计除了是现代以外，也和中国建筑要素结合起来，在这一点也是一个很明显的区别。广派也是属于西化的，但是和岭南的建筑密切结合的，关键是气候。广式建筑形态和那种炎热的气候结合在一起，所以建筑是很通透的，北方的建筑相对封闭一点，所以说广派的建筑做得也很有特色，它不仅和当地的气候结合起来，而且做得还很现代化，这就是广派，但我没有多少接触，只是观察过。上海的建筑，至少我在学校里读过书，能够作一些比较。

李先生的治学是很严谨的，比如说当时的建筑模型都是亲自做和修改的，青艺的模型是李先生用吸烟的烟纸、香烟盒自己动手做，用卡片做围护结构，边做边改，他自己亲自修改，这个我印象还是很深的。

我的论文是剧场设计类，用的参考资料是读一些外文资料，讲各种各样的舞台形式，如伸出式舞台、围合式舞台和镜框式舞台。课题题目是李先生帮忙定的——《舞台空间形式的转换》，主要是舞台，参考的主要是一些国外的资料。李先生让我自己看了以后自己翻译，有一些资料要自己去找。他当时说台口的地方比较有意思，值得研究，变化也比较多，至于怎么转换我以前不清楚。比如说镜框舞台前面有一个下沉式的地方，也就是乐团呆的那个部分，你做成升降的，升起来就是复式的舞台了。本来是一个镜框式的舞台，把它变成一个突出式的舞台，这就是一种比较简单的转换。还有做青艺的时候，我们还作了一些尝试，台口有大小，侧面有侧台，还有楼台。

当时青艺免费给了我好多票，我去看了好多演出，我根据演出的剧目就看出有这种变化需要，包括这个侧台楼台，等于侧台分成了两层。做完了以后再看外文资料的时候，看到国外也有这种做法。我们设计青艺就是这么干的。李先生认为这个项目很有挑战性。

当时青艺主演的戏剧，需要很多的变化。有的时候演员就只强调一点：观众和演员之间的互动。不只是有一个镜框舞台，演员在这里表演，观众在这里看就行了，不是这样的。有的时候需要演员从观众席里冒出来，从观众席里过去，或者从侧面进去，或者是从一个高的地方进去，就是说戏剧本身有这些要求。总之青艺表演是很现代的戏剧，而不是传统的戏剧，所以有很多的互动。

我不但看了好多戏，也进行多次交流，跟甲方也有交流，他们也提要求。他们觉得从我们这边学到许多东西，我们当然也从他们那学到东西，最后结果就是这个设计等于是甲方和我们双方设计、双方互动做出来的。我们异想天开做一个东西，那它是不是合适？有的时候是不合适，有的时候可以。我们也是有些启发。

和他们结合的确是一个很好的学习过程。但因为青艺建在王府井，这是北京的黄金地带。北京规划局一直想把这里用作商业开发，所以项目不让盖！我们曾专门到规划局找领导询问过，回答总是这个不行，最后我们就只能作为一个研究项目——《戏剧舞台艺术形式的转换》。

李先生认为这是唯一一篇有比较新的剧场观念的论文。当时魏大中写评语认为是很不错的。因为这个可能也是结合了中国实际。表演艺术形式的转换在国外有很多，但是机械化程度很高，连观众席都跟着旋转。这个在中国不大切合实际，不仅很贵，而且对工程的要求很高，要是机械发生故障，转不过来了就不好办了。

在20世纪80年代的中国，舞台作些变化，也能达到这个相应的要求，比较切合中国实际。

我做的海河大学有一个叫实验剧场。它的观众厅大大小小可以变化，多功能使用。迪斯尼也有很多。在迪斯尼看完电影，整个观众席也就跑到前面去了，就像气垫似的，一下浮起来了。但是这个好像代价很高，在20世纪80年代中国不可能做这种。像青艺是一个实实在在的项目，不可能做得这么昂贵，所以设计剧场不仅阐述各种想法，还得结合中国具体实际的情况才能够满足青艺现代戏剧的一些要求。

青艺没有盖成太可惜了，主要因为那里是黄金地带。据说青艺的人都跑到印度居住区去修一个剧场，现在大家都不知道青艺在何处。太遗憾了。

恩师李道增先生

庄惟敏（教授、博士、清华大学建筑学院第六任院长，
兼清华大学设计院院长）

我是1980年考入清华大学建筑系的，1985年建筑学本科毕业，后跟随李道增先生攻读硕士，1987年转为直接攻读博士学位研究生，1992年博士毕业，后留任清华大学建筑设计研究院工作，2013年任清华大学建筑学院院长。

我进校后的第三年，1983年李道增先生接替吴良镛先生担任清华大学建筑系主任，1988年清华建筑系升级为建筑学院，李先生就成为清华建筑学院的第一任院长。尽管我算是恢复高考后的前几拨学生，但和李先生的其他研究生如胡正凡、王亦民、何红雨、方兴等相比我还是小字辈，更不用说"文革"前的老学长们，我更加是晚辈一个。李先生是一位从不夸夸其谈的人，谦逊淡泊是他给我最深刻的印象。我从没有见他和听他介绍过自己的历史和过去的成就，倒是后来从系里老师和师兄们那里听来一些关于李先生早年的学术活动和相关轶事，所以我无法像学长们那样能从李先生的最初求学开始历数先生的学术生涯和学术成就，我只能作为李先生指导的研究生以亲身感受过李先生的言传身教，以及和先生教学研究相处中的切身体会，谈谈我心目中的李道增先生。因为是回忆一些片段，从中的感悟也是有感而发，所以难免有些不连贯、不系统，但我想这些都是我和先生相处这十几年真心的表达。

李道增先生是一位博学和视野开阔的学者，他的研究领域涵盖

建筑学的基础理论并契合当今全球热点问题，包括环境行为学、观演建筑、建筑文化的传承与发展、本土化与全球化及其相关理论、建筑策划、可持续发展生态住区的适用技术及气候对建筑的影响等。

李先生是国内最早开始研究环境行为学的学者，也是最早在高校建筑系里开设环境行为学课程的主讲教授之一，他开创的教学体系和教学大纲引领了建筑学专业教学中环境行为领域的教学与研究方向，成为我国高校建筑学专业讲授环境行为学的一个重要学派，并对该领域形成了广泛的影响。李先生1980～1982年的研究生胡正凡当时就是在李先生指导下完成了题为《环境 — 行为研究初探》论文，胡正凡先生现在已经是华中科技大学建筑学院副院长、教授，他在研究生论文的基础上持续研究，目前已经出版了《环境心理学（高校建筑学与城市规划专业教材）》第三版。环境行为目前已经成为国际建筑学专业评估体系中不可缺少的一门基础理论课。李先生编著出版的《环境行为学概论》已经成为这门课程的经典教材。他为了这门课程的建设，从教材的编写、参考书籍的搜集、实验的准备、相关资料的寻找和梳理，以及对其中每一个文字和插图的推敲都倾注了巨大的心血。

1999年的一天，李先生叫我到他家里，我落座后就看见沙发前的茶几上有厚厚的几摞写满工整小字的复印纸，还有一个几乎磨破边的牛皮纸口袋。李先生坐下来缓缓而又郑重地对我说："《环境行为学概论》这门课我今天要转交给你，由你在学院继续讲授。"说完这句话，先生定睛看着我，眼里充满着鼓励和期望。那一年是李先生69岁，他在清华讲授《环境行为学概论》已经整整20年了。这20年是一个不断超越，不断提高，不断否定又不断成就的20年，这门课伴随着李先生由壮年走到老年，他奠基的坚实的基础，开创的教学体系和特色，指导研究生完成的相关论文研究，都极大地丰富了这门建筑学学位课的课程体系，原本他还可以继续讲授下去，但他却将它毫无保留地传给了我，这是他对年轻人的信任和提携，没有一点自我标榜，没有一点高高在上，没有一点保守，就这样完整地、充满信任地交给了我这样一个没有任何经验的年轻后生。看着先生托起在我眼前的上百页工整誊写的教案，看着那牛皮纸口袋里一张张精美的投影胶片，我的眼睛顿时模糊了，我分明感到了那是李先生沉甸甸的心血和殷殷的嘱托，当时我真的感到有些承受不了，一是先生几十年研究心血就这样毫无保留地交给了我，它的分量好重；二是我没有任何经验，生怕将先生的课讲砸。但李先生用充满慈爱的目光看着我，再没有多说什么，我知道先生作出的决定我是不能推辞的。那一天的情景至今还时时出现在我脑海，是一种鞭策和鼓励，时时提醒着我不能有一点懈怠。后来，在先生的启发和帮助下，授课的转换很顺利，先生一直鼓励我不断补充新的知识点和内容，我也结合在国外留学所学的知识和回国后实践的经验，进一步充实课件，2008 年这门课被评为校级精品课，受到学生们的好评。我想这和先生对我的信任和鼓励是分不开的，这更是先生作为一个高屋建瓴的学者情操高尚的写照。

李先生对学术的严谨是作为他的学生们都充分领教的。李先生会对他指导的研究生的论文逐字逐句地审阅和订正，无论是学术观点，论据的形成，还是证论的方法，直到语言文字的表述，甚至标点符号都会极其细心地加以订正。

我的博士论文研究工作是在李先生的指导和建议下确定的研究

方向。在博士在读期间，我获得了国家资助的公费留学计划，赴日本进行博士生联合培养。在日本千叶大学我进入工学部建筑学科服部岑生研究室，专攻《建筑计画》。建筑计画是关于建筑设计前期研究的工作，在建筑师职业范畴之内，它涉及建设项目前期定位、环境分析、功能设定、使用者实态调查、项目多因子变量分析、经济评测、使用后评估等建筑相关因素的分析、评价和论述，其目的是研究、归纳和分析推导出建设项目科学合理的设计任务书，以指导建筑设计，避免建设项目在一开始出题的错误。该研究在西方称为Architecture Programming，是近几十年来在西方兴起的，它以建筑学为基本学科平台，凭借当今迅速发展的信息科学、统计学、观测和评价以及计算机技术的多学科交叉，开创了建筑学领域的一个新的学术方向。但就是这样一个学术方向，尽管英文和日文都已有明确的文字表达，但在中国还是很不明确，如何定义和明确它的中文表达，李先生是非常谨慎和认真的，他认为这是建筑学的学术问题，更是一个学科发展的体系问题。我当时还在日本，论文已经有了基本雏形，关于题目的问题他在和我多次的通信往来中一直在探讨标题的表述，事实上这就是对该研究方向和理论体系的中文名词表达的讨论。当时对 Architecture Programming（建筑计画）台湾已经有学者翻译为"企划和计划"，为此先生参阅了大量的英文、日文资料，了解国外发展的背景，并结合中国的国情进行分析，李先生特别邀请当时时任建设部政策研究中心主任的林志群先生和建设部设计局局长张钦楠两位资深学者一同探讨中文名称的界定问题，经过慎重的结合国情的分析，最终确定"建筑策划"的中文表达，我的论文题目《建筑策划——设计方法学的探讨》也就最后确定下来，

1992 年参加我博士答辩的除了有日本著名建筑计画研究专家千叶大学工学部建筑学科的服部岑生教授作为我日方指导教师外，还有建设部政策研究中心主任林志群先生，建设部设计局局长张钦楠先生，中国建筑学会副理事长，北京市建筑设计院副总建筑师刘开济先生等。建筑策划的理论也因此受到我国建筑界的关注，李先生指导的我的博士论文为我后来在国内开展建筑策划的研究和实践奠定了重大的理论基础。至今我还清晰地记得，李先生在我论文初稿上批注的一行行工整、隽秀的小红字，他是我所见过的最认真严谨的老师。经过几十年的研究、实践和理论积累，建筑策划已经成为当今建筑学学科体系中的一个重要知识组成，成为注册建筑师考试中一项重要的知识要点，建筑策划也被纳入《建筑学名辞》。

李先生不是一位善于言表的人，但他的行动和眼神却充满了超越语言的力量。作为学生，我很少听到他夸夸其谈，甚至较少对学生嘘寒问暖，但他对学生的关爱却融在他的行动之中。

1993 年我获得美国亚洲文化协会（CAA）的奖学金赴美短期考察，李先生知道后很高兴，耐心地给我介绍哪个学校我应该去访问，哪个建筑我应该去参观。李先生说着还给我写下了他小儿子李跃在美国的家的地址，告诉我可以去那里暂住，并细心地告诉我该乘哪路汽车，到哪站下车，下车站的情景和地点特征，同时给我看李跃的照片和家人的照片，关照之细致令我深深感动。尽管后来由于行程太过紧张，我只是去进行了简短的拜访没有留宿，但后来听说李先生为此专门给李跃打电话，告诉他我的详细行程，以及嘱咐他到车站去接我，怕我一个人人生地不熟找不清方向。那次行程虽然短暂匆匆，但给我留下了美好的印象。李先生就像长辈嘱咐出远门的孩子一样，事无巨细，详尽周到。从李先生不多的言语和为学生所做的一件件实实在在的事情上，我分明看出了李先生对待年轻人的呵护和关爱，这是一种充满仁慈的博大的爱心。其实李先生对他所有的学生都是如此，学术上严谨求实没有丝毫的马虎，精神上给予充分的理解和鼓励。和李先生在一起你能感到一种人格的力量。

李先生的思想总是那么的活跃，从刚认识李先生时就知道他对剧场、环境行为学、建筑文化等颇有研究和造诣。之后，跟随他学习，我发现李先生是一位永远不会停止思考的学者，而且对学科前沿和热点问题总是充满了极大的兴趣和热情。20世纪80年代在国内开始热起来的生态可持续发展的思潮，李先生是新制宜主义的倡导者，80年代提出可持续发展的概念，出版了国内关于生态建筑的第一本著作，早在80年代初在《建筑学报》上发表的论文中，他指出中国的建筑应该走结合国情的因地制宜的道路，并提出"新制宜主义"的理论观点，这一观点被认为是我国那个时期较早关注生态和可持续发展，并上升到理论高度的学术思想之一。其实李先生从来就是一位时时关注学科前沿的学者，他总是能捕捉到学科领域内未来发展的动向，并在第一时间就给予关注和研究。这在他后来的论著里以及指导研究生完成的论文里都有所体现。李先生组织翻译的名著《模式语言》，以及2000年左右出版的巨著《西方剧场史》都说明了李先生是一位对理论研究和历史发展非常关注的学者，这也成就了李先生一生在剧场设计研究中的巨大的成就，他对戏剧发展历史的熟悉和研究使得他能够在剧场设计中充分理解和洞察戏剧之于建筑空间的奥妙，掌控剧场空间之于戏剧表演的促进影响作用，游刃有余地将观演建筑的空间与戏剧的表演艺术相结合。

无论是设计国家大剧院、天桥剧场、儿童艺术剧院还是后来的新清华学堂，每当李先生讲解剧场设计理念和构思时，他总会结合戏剧的发展娓娓道来，他的双眼会闪闪发光，表情丰富，手舞足蹈，整个人仿佛也融入了剧场中的戏剧艺术家的表演之中。只有对戏剧历史和文化的发展有深刻了解的人，才能是这样一种状态。正是因为极少有人能像李道增先生那样在建筑设计的同时对戏剧历史发展和表演艺术有那么深刻的研究，并将其融入剧场空间设计之中，不仅剧场设计作品颇丰，更以出版大部头的戏剧发展的理论论著享誉业界，所以李道增先生被认为是国内剧场研究设计领域的大家。

李先生对于学术和创作总是以最充满激情的状态去吸收，去涉猎，去钻研，去传播。作为建筑学院的院长，他又是一位理念鲜明、头脑清晰的学科带头人，他说"一个学校不能随波逐流，应该成为指南针、智囊团，引导发展"。这就是清华建筑的定位，他从梁思成先生那里继承了清华建筑办学的思想。他总和学生们讲："梁先生说：'建筑师的知识领域要很广，要有哲学家的头脑、社会学家的眼光、工程师的精确与实践、心理学家的敏感、文学家的洞察力……但是最本质的，他应当是一位有文化修养的综合艺术家'。"李先生正是用这一指导思想领导了清华建筑学院的发展。他卸任院长以后，仍旧一直以这样一个指导思想来指导学生。我跟随李先生这些年，他一直始终如一地遵循和倡导着这一理念，这也是一位学者能受人尊重的原因。李先生的思想一直影响着我。

李先生的心态永远是年轻的。这不仅体现在他学术上不断探索和发现新方向，不断提出新观点，还鲜明地体现在他的日常生活中。2011 年清华大学百年诞辰，李先生经过数年的艰苦努力终于完成了新清华学堂的设计工作，竣工的新清华学堂作为献给母校一百周年华诞的最好礼物，李先生完成了心中的一个愿望，一生致力于剧场建筑的研究，终于有一座亲手设计的剧场矗立在母校的校园里了，李先生自然很高兴。校庆后的一天，我正在清华设计院门口等人，突然身边有一辆电瓶单车疾驰而来，我定睛一看，吃了一惊，原来骑车人是李先生。我原本以为是李先生心情高兴，偶尔骑着放松一下，可谁知那以后电动单车就成了李先生上下班的代步工具了，而且骑行的速度并不慢。要知道那时的李先生已经是 81 岁高龄了。

李先生在我心目中就是这样一位严谨、睿智、仁慈、宽厚、心态永远年轻的可爱可敬的老师。

跟李先生学习剧场

卢向东（博士、清华大学建筑学院副教授）

李道增先生主要的研究方向是剧场，皇皇巨著《西方戏剧剧场史》，上下两册，150余万字，奠定了先生在此学术领域内的权威地位，堪称国内第一人。我有幸师从李先生，学习剧场、设计剧场、研究剧场，在漫长的师生相处的岁月中，体会到李先生在剧场领域着力之深、付出之多、经历之艰、成果之丰。在我看来，既高屋建瓴又坚韧执着，构成了李先生治学的精神。一方面有非常清晰的学术视野，一方面又有坚忍不拔的毅力，正是这些常人难以企及的品质，使得李先生成为我国剧场研究的标杆。

1. 回校入师门

1989年从清华建筑系本科毕业后，保留研究生入学资格，在贵阳市建筑设计院银河设计所工作了两年。1991年，我回到清华上研究生。此时，本科室友傅英杰同学已经早一年回到清华投师李先生门下。几年未见，回到熟悉的清华园，在某夏日晚，来到七号楼附近的一家饮食店铺（现早已拆掉），点了一些包子、面汤、饮料，与老同学傅英杰热切地聊天，自然也聊到了报导师的问题。傅英杰给我讲述了他在李先生那里的学习工作，这是我第一次比较清楚地了解到一些关于李先生的学术研究状况。傅英杰向我介绍了李先生用人的标准：听话、出活。我想，跟先生学习自然是要听话，干活嘛，我不嫌累。我对于李先生正从事的国家大剧院的设计研究产生了兴趣。那时，我急切地希望能做一些复杂大型的建筑设计，提升自己的设计能力。因为在设计院工作期间，没有碰到让我比较满意的项目。

1989 年本科毕业，来到设计院工作，本想利用此机会，多接触一些设计工程，尤其是一些复杂大型的设计工程，以增长自己的才干。但是，不太幸运，赶上了国内当时清理整顿公司的大气候，许多工程停工、下马。因此，设计院的项目一下子变得很少，多数规模也不大。我独立完成并建成的第一件设计作品只是一所学校教学楼加建的三层厕所。两年时间内，我的工作是协助总建筑师工作，尽管有很多工程上的收获，但是，我喜欢的文化建筑类型设计，在此期间基本上没有碰到。

回校后申报导师，填上志愿后，有些担心，或许李先生不一定选择我，因为申报的还有其他不少同学。很幸运，大概是李先生看中我在设计院工作的经历，同意了我的申请，同时，还选择了从北京市建筑设计院回来的范强（83级）。范强高我一级，在北京院总建筑师马国鑫手下工作了 3 年，深得马总器重，练就了一身好本事。我们哥俩同时投师李先生，共同度过了此后 3 年难忘的求学生涯。加上早一年回来的傅英杰和李沛，他们也都有在设计院工作的经历。我们四位学生的共同特点是，都是清华出身，有一定的工程设计经验。从选人的条件，可以看出李先生对于设计实践的重视，大概反映了李先生的人才观，以及李先生注重理论联系实际的学风的一个侧面。之后，李先生招收了刘念雄、王敏、许瑾等入门。这样，我们几位共同组成了一个小团队，跟着李先生学习。

2. 初识李先生

我们这些学生，对于建筑学院的一般老先生都怀着敬仰之情，学生们都在传着他们学问渊博、设计有绝活儿，但是，很少有机会能目睹他们设计的过程、绘制的图纸。当时，学生们都传说着李先生年轻时是梁思成的得力干将、左膀右臂：做设计、画图都是既好又快，深得梁先生的喜爱。第一次看到李先生亲笔绘制的图纸，大概是1992年外交部大楼设计竞赛。李先生深厚的设计功力和制图水平在设计图中反映得淋漓尽致。平面严整的几何秩序和细节处理，立面和谐的比例关系和气势，都让我们感到李先生的设计素养尤其是西方古典建筑的素养之深厚。那时，没有计算机绘图，所有图纸都是人工绘制。后来得知，李先生在少数几位学生（王丽方等）的辅助下，亲自上手绘制了大量的设计图。我们学生对此感到很震惊，也很佩服。几位研究生班的同学私下议论此次设计竞赛，大家都觉得李先生的方案最具大师气息。

再后来，跟李先生熟悉了，更加清楚李先生的工作状态：一旦有了设计任务，李先生就沉醉其中，废寝忘食，没日没夜地工作。那时居住在南楼一套小三居，并不宽敞的家里有一间工作室，布置了绘图桌，李先生大量的工作都是在这里完成的。李先生挂在嘴边的"对设计要达到痴迷的状态"，不仅是对我们的要求，其实更多的是对于他自己的描述。总之，在我们眼中，李先生是一位身怀绝技的高人。

3. 第一次接触剧场研究

大概是1990年后，国家大剧院工程提上了文化部的议事日程，文化部安排了几家单位进行可研方案设计，其中有北京市建筑设计院（魏大中负责）、清华大学建筑学院等。清华建筑学院由李先生牵头，出了两套可研方案，方案 A 由李先生设计，方案 B 由胡绍学先生设计。声学问题由王炳麟先生负责。大家共同研究了国家大剧院设计问题，最终出具了厚厚的两大本可研方案设计文本。我和范强就读后，拿到了这份文本，翻看后真的是很震撼，如此复杂的功能，如此复杂的工艺，如此复杂的空间，竟然能够安排得井然有序。图纸绘制的水平自然也是非常高，实在是难得一见的珍品。我俩如获至宝，赶紧复印装订成册，回去仔细品鉴、学习。其实，当时我们的剧场知识几乎为零，只是从图面感受到了李先生在此方面的深厚素养。觉得自己即使付出很大的努力也未必能达到这个水准，唯有自我不断鞭策吧！我至今还保留这份东西。李先生的国家大剧院的可研方案，是一份很有价值的成果，她的影响和意义是在后来体现的。我对此的了解是在国家大剧院建成后，与在国家大剧院工作的李国棋谈论时才意识到的。李国棋认为，安德鲁的国家大剧院方案，其平面布局就是李先生的可研方案的翻版。主要体现在三个剧场的布局完全一致，而且三个剧场的南北朝向也是一致的，其中歌剧院的主入口朝南，戏剧场和音乐厅的观众厅主入口朝北。可见，李先生的可研方案的深度，经得起考验和推敲。

李先生在剧场方面的研究积累是异常丰富的。李先生在学院里是有名的喜爱买书的人，家里几间屋里都是书架，摆满了各种书籍，其中就有大量剧场资料。在20世纪八九十年代，国外的书籍很少且昂贵，李先生不惜代价购进了不少国外经典的剧场书籍。其中最为印象深刻的是李先生1993年去美国讲学回来时带回《Theater Design》、《Theater Technology》等经典剧场书籍，李先生借给我们阅读，我们被书中详尽的剧场知识和精美的剧场图纸折服，感到了剧场建筑极其博大的世界——它与文化、艺术、技术高度密切的关系。这大概是李先生在不知不觉中教诲我们的一种方式吧。

4. 跟李先生学习剧场设计——天桥剧场

大概是 1993 年，第一次跟李先生学习剧场设计。李先生接受了天桥剧场的设计任务。我那时临近硕士毕业，李沛、傅英杰、刘念雄等正在就读博士学位。我们几位在读生辅助李先生进行设计制图工作，先期出师的庄惟敏主要配合李先生方案工作。由于地处闹市，且地段狭窄，要将此复杂的功能和空间安排妥当不是一件容易的事。李先生的严谨工作方式，让我们体会到如何处理这样一个难题。李先生总是将方案草图绘制得非常细致，然后交由我们绘成正式图。李先生的草图是很有特点的：他总是将半透明的草图纸覆盖在有网格的坐标纸或底图上进行工作。多数草图都是用尺规完成，有铅笔线条也有墨水线条，修改之处的痕迹明显，或者用涂改液覆盖后再画，甚至局部粘上另外一张纸继续画。在 1993 年后，计算机开始进入设计领域，李先生敏锐地察觉到它将对建筑设计带来的巨大影响，用自己的科研经费购买了当时最好的计算机，让我们学习使用。当时，学院有一个计算机房，非常珍贵，使用上管理严格，并不能随意上机。李先生购置的这台计算机，在学院教师工作室中是最早的。第一批使用计算机绘图的学生我跟范强、刘念雄等，如获至宝，开始自学计算机软件使用，主要是 AutoCAD，并开始用来绘制建筑图。对于我们长期趴图板、体会过建筑制图劳作艰辛的人来说，这个东西实在是太好了，大大节省了体力，提高了设计的效率，以往视为畏途的图纸修改，如今成了小菜一碟。我们当时对于计算机的认识是非常肤浅的，只是用来替代手中的绘图笔而已。学院里有几位计算机方面的学生高手迟伟、莫争春，时常被我们邀请来支上几招。

李先生看见我们的制图成果，非常高兴。

那年，李先生邀请了一位美国剧场学者及其儿子来学院，在主楼的8楼的那间工作室里，李先生跟他们一起讨论天桥剧场的设计方案，那位美国小伙儿是一位计算机高手，帮助我们绘制天桥剧场的平面图。他对于软件的理解很深，一些我们不清楚的命令，他也知道。尤其是排放坐椅的命令，真是神奇，定义好参数，坐椅安排马上就绘制完毕，简直就是魔术一般。我们学了三招两式，很是受用。剧场的观众厅是关键，尤其坐椅的安排很麻烦，以往手绘时，这是一个大难题，绘制不易，修改更难，建筑师急于知道观众厅的坐席数量与空间尺寸，这在过去往往依赖于经验，很难一次到位。有了计算机，这个问题就解决了。以后，我们的工作模式有了改变：李先生依然是拿着异常工整的手绘草图，让我们绘制正式图。但是此时不是在图板上，而是在计算机上完成。李先生饶有兴趣地坐在我们一旁，盯着屏幕，看着我们点击鼠标、敲击键盘，将图输入，时不时提出修正意见。当看到屏幕上一些有趣的绘图命令执行结果时，李先生会天真地乐不可支，常常一坐就是半天，甚至一整天。我们体会到他真是一位很单纯可亲的长辈、学者。而我们，担当了李先生工作辅助，在这种高频率的日常接触中，我们从点滴之中得到李先生的言传身教，不仅是知识能力的积累，更重要的是李先生身上的那些可贵的品性，都耳濡目染，使我们受益匪浅。

对于建筑艺术的痴迷，并没有让李先生忽视建筑技术。剧场这种复杂的建筑类型，由于涉及的专业众多——表演艺术、工程技术、剧场工艺、剧场技术等等，没有广博的知识是无法进行剧场设计的。李先生从来就很重视剧场的各种专业知识，在设计中也加以贯彻。

清华的声学研究从 20 世纪 50 年代末发展起来，培养了多位重要的声学专家，李先生很重视与他们的合作，积极将声学知识运用到剧场设计中。那段时间，王炳麟先生就是天桥剧场的声学设计负责人，他们制作了很大的声学建筑模型，在实验室进行检测核算，我们看了也很觉新鲜。李先生经常让我们一起参加天桥剧场声学的讨论。其实，我们就是旁听学习，关于剧场声学的一些基本常识，就是在这样的情况下获得的。这也是李先生培养学生的一种方式。

为了增加我们的剧场机械的知识，不仅提供书籍让我们学习，还联系当时北京仅有的两个大型剧场——保利剧院和世纪剧场让我们参观。李先生带着我们，钻下台仓、爬上台塔，细细地给我们介绍转台、升降台、天桥、吊杆、幕布、栅顶、吊笼、面光……看着犹如重型机械工厂一般的舞台设施，我们第一次感到剧场真是太伟大了，很震撼，至今难忘。

李先生的剧场设计，不是闭门造车，而是非常重视与实际的结合。在天桥剧场的设计中，对于使用方中央芭蕾舞团的意见就非常重视，多次带着我们去开会，与著名芭蕾舞艺术家赵汝蘅团长等众多使用方讨论设计。在实际演出使用中，了解到芭蕾舞演员在上场前需要热身，因此将一个大排演厅安排在舞台后方，化妆间布置在周围。这样演出时，等待上场的演员可以先在排演厅练习热身，就近上场。这样的例子还很多，再如：考虑到剧场接团时演员的住宿和餐饮，李先生主动提出增设演员宿舍和餐厅，认为剧场的运营是剧场重要的方面，不能仅仅考虑观演，而应该将剧场看作一个复杂的、需要经营的综合体。这个做法事实证明非常正确，在剧场实际使用中效果明显。这些细节，也反映了李先生剧场思想的广度和深度。我们在跟随李先生过程中，真是一点一滴地受教。

5. 学习做剧场研究——硕士及博士论文

进入硕士第三年，开始准备毕业论文。我跟李先生讨论选题，在此过程中又一次体会到李先生对于剧场的深刻洞见。20世纪90年代初，经过改革开放，国家的经济实力已经有了一定的基础，李先生敏锐地感受到我国即将迎来剧场建设的高峰。与此类似的是我们的近邻日本，在战后经济复兴过程中，随着经济发展，大力发展文化事业，尤其是大量兴建剧场。李先生自己研究得很深的欧美剧场，已有相当积累，傅英杰也在写欧美的校园剧场博士论文，而对于亚洲的剧场方面还了解不多。因此，李先生果断决定让我收集日本现代剧场资料，整理日本现代剧场发展脉络，以为即将到来的我国剧场建设热潮作学术准备。我感到这是一个重要但是又非常困难的任务，原因大致有语言问题（我不懂日语）、资料问题（对于能否搜集足够的资料没有信心）。接受任务后，我几个月泡在建筑学院图书馆、资料室，将能找到的有关日本现代剧场的资料几乎翻遍，然后想办法复印。积攒了厚厚的几大叠资料。有了资料，阅读就是问题，少量的英文资料还能对付，但大量日语资料确实让人犯难。好在王炳麟先生的日语非常棒，不吝赐教，我征得王先生同意，将需要翻译的资料带到他家里，请他边看边说，帮忙口译了很多重要资料，我用小录音机记录下来，回去整理。我还请教了当时的日本留学生一些日语翻译问题。就是在这么一种磕磕绊绊状态下，完成了硕士论文的初稿，大致是总结日本现代剧场发展的几个阶段及其剧场类型。第一次写这么长的论文，心里觉得忐忑。交给了李先生审阅，李先生审阅是极其认真，关于这一点，我想任何一位李先生指导的学生都有同感。在李先生审阅的论文交还给我后，我发现，那篇论文上到处都有李先生的批改痕迹，甚至错别字、标点符号都有修正，修改的文字誊抄在书页的空白处，密密麻麻。真是让我感到了一位学者对待学术问题的严谨态度。好在李先生对于我这篇论文基本肯定，没有翻盘。我按照修改意见进行修正，顺利通过硕士论文答辩。90年代末，随着上海大剧院的兴建，国内的大剧院热潮正式启动，在之后的 10 年内，国家大剧院等一大批大型剧场建成，基本上普及各个主要城市，目前已经开始在县级市兴建大剧院。经历这一段历史，回头再看当时李先生对于我国剧场发展的预测，不得不佩服其远见。应了李先生常说的一句话：人是逼出来的。不懂日语的我竟然写了一篇关于日本剧场的论文，可见在压力之下，人的潜力是很大的。

硕士毕业后，我留在了建筑学院做教师。教书之余，主要还是辅助李先生的设计工作。此段时间，李先生设计了数个剧场方案，包括大连开发区剧场、怀仁堂改建等。我也随着学习了更多的剧场知识。

教学工作数年之后，1999 年，我感到在学术上有必要继续提升，因此考虑跟李先生继续完成博士研究生学习，一方面继续在建筑学院教学，另一方面开始着手博士阶段的研究课题。李先生对于剧场研究的视野是很开阔的，我在此方面却只能凭借自己的兴趣和已有的积累做事，对于李先生希望我研究舞台机械方面的建议，很是畏难。我虽然知道这个很重要，但是觉得自己这方面的能力极其有限，因此，决定将我博士论文的选题方向改变为中国现代剧场的历史发展研究。对此，李先生的态度是非常宽容的，给我充分的学术自由，因为对于李先生而言，剧场历史、文化、技术、艺术的关系，同样是他非常重视的方面。为了给我提供更多的学术研究资源，李先生积极联系李畅先生，请他担任我的博士论文联合指导教师。

李畅先生是我国著名的舞台美术、剧场学者，经历过我国许多重大的剧场、戏剧艺术的事件，除了精于舞台美术，还勤于剧场研究，有大量著述。与李道增先生一样，是国内最早一批从事现代剧场研究的学者，成就斐然。能够同时受教于两位国内最重要的学者，对我而言真是可遇不可求。李畅先生与李道增先生都是李鸿章家族的后人，两人同属道字辈，很早就相识。20世纪50年代，李道增先生年仅27岁，主持清华大学的国家大剧院方案设计，就运用了李畅先生最早介绍的德国的品字形舞台，二人有很深的学术渊源。

两位导师，对于我的博士论文精心指导，一方面在学术的方向性上把控，提供许多重要的学术线索，使我对于问题的认识逐渐深入，另一方面在学术资源上毫无保留，将他们的资料及学术人脉提供给我，使得我在较短的时间内掌握了比较全面的相关内容。那段时间内，两位导师都给我介绍了很多国内剧场领域的重要人物，涉及剧场管理、剧场研究、剧场设备、剧场设计等方面，我走访了数十个人物、机构，获取了第一手的资料，为后来的博士论文写作打下了坚实基础。

在写作阶段，我又阅读了李道增先生的《西方戏剧剧场史》，对于李先生将剧场与戏剧结合的思想有了进一步的认识，那就是认为剧场不是一个孤立的建筑物，而是人类艺术、技术的高度结晶，与社会、历史、文化、政治、经济有复杂的联系，是随时代发展变化的。剧场历史的研究就是揭示剧场的发展脉络。而我国的现代剧场发展，是在近现代历史巨变的背景下产生的，绝不是简单的剧场建筑问题，必须与当时的历史复杂因素结合，才能得出可靠的结论，这是我得到的重要启迪。因此，在写作这篇关于中国现代剧场发展的博士论文过程中，除了关注各个阶段的剧场实例的资料外，还注意当时的戏剧发展情况和政治、经济、社会、文化状况，以建立起剧场与时代的关联。最终，这篇论文受到了好评，获选为当年的校级优秀博士论文。这是学习李先生的学术思想的一个重要收获。

6. 遗憾的梦想——国家大剧院设计

在跟随李先生学习工作期间，比较重要的一些剧场方面的事件就数国家大剧院设计竞赛。对于李先生而言，结果是遗憾的，对我而言，结果固然遗憾，但是过程确实是我人生的重要经历，从中体验到李先生对于剧场的许多学术观点，也体会到剧场建筑发展种种复杂性。我在清华建筑系读书期间，就听说了20世纪50年代末，由李先生主持的国家大剧院设计方案在竞赛中胜出并成为实施方案的故事。但是由于"大跃进"造成国家经济困难，国家大剧院项目与一大批工程被迫下马。这件事，成为李先生终生的遗憾，因此在随后的岁月里，李先生的剧场学术生涯中，这件事一直成为他未了的心事。80年代后，国家大剧院项目又开始提上议事日程，李先生积极参与了可行性研究设计，提供了很好的设计参照。时过境迁，建筑界重新对外开放，新的思潮让人目不暇接，对于剧场建筑的思考呈现了迥异的观点。李先生的观念是长期剧场研究的结果，对于西方剧场史的精深研究，尤其是对文艺复兴之后的意大利歌剧院剧场发展的了解，是他定位剧场文化属性的重要依据，也就是将剧场定位为艺术的殿堂。我们知道，剧场史上，最早的戏剧萌芽于巫术等宗教活动，古希腊、罗马的剧场都与宗教活动关联，剧场与神庙在形式上有诸多一致之处，剧场是神圣的，剧场就是殿堂。在近现代欧洲民族国家兴起的过程中，意大利剧场在欧洲各国风靡一时，剧场的殿堂形式更加得到深化，最为极致的就是巴黎歌剧院。因此，对于代表剧场艺术殿堂的巴黎歌剧院，李先生推崇备至，对于设计师嘎尼尔年纪轻轻就拿下设计竞赛，也十分佩服。也许，这当中也有对于50年代自己年轻时的国家大剧院方案未能及时建成的遗憾吧。

因此，剧场的古典主义的精髓深深地扎根在李先生的心中。严格的几何关系构图，精细的立面细部，丰富的雕塑，空间秩序，功能应对，都是李先生在剧场设计中坚持的。这种思想不仅反映在20世纪50年代的国家大剧院设计方案、解放军大剧院设计方案上，也反映在了90年代末的国家大剧院新一轮的竞赛方案上。

1997年底开始的国家大剧院国内竞赛，李先生代表清华大学参赛，出具了一套带有古典主义气息的新方案，李先生组织的团队中，有庄惟敏等众多高手，李先生还是一次次拿出手绘精细草图，让我们绘制成电子图档，庄惟敏高超的电脑绘图技巧让李先生异常高兴，他直接在电脑屏幕上起稿，利用绘图软件绘制建筑彩色的建筑立面，非常精彩。我主要负责平面、剖面图的绘制，在紧张团队工作中受益匪浅。李先生剧场设计特别反对形式主义的东西，多次给我们讲过他在美国肯尼迪艺术中心参观时，剧场经理的告诫：不要将三个剧场盖在一个屋顶下，这样会造成管理及能耗的巨大困难和浪费。此次国内竞赛之后，根据领导要求，举办国际竞赛，于是，1999年进入更加激烈的国际竞赛阶段。经过数轮的设计之后，剩下几家国内设计单位与国外的设计事务所，这几家国内外设计单位分别组队联合设计，清华建筑学院与法国安德鲁领衔的巴黎机场设计公司合作。在合作过程中，两家单位分别出具自己为主的方案，相互为对方方案提出建议。为此，清华团队的主要成员（李道增、胡绍学、朱文一、庄惟敏、吴耀东、卢向东）还到巴黎访问，与安德鲁团队协商。这一次参访过程中，我们参观了巴黎数个剧场，其中有巴黎歌剧院、巴士底歌剧院。安德鲁还请我们在巴黎市中心的一家剧场观看演出。在巴黎歌剧院，李先生激动异常，我想，他终于亲身体会了这个神交已久的经典剧场。他兴奋地拍个不停，给大家讲解这个剧场设计的故事。院方带领我们在歌剧院舞台上上下下参观，李先生不顾年纪已高及自己身体状况，坚持与我们年轻人爬上巴黎歌剧院的台塔参观。他看得很仔细，问得也很专业，我们在一旁听着，就是上了一堂生动的剧场课程。在那里，看着精美华丽的厅堂，宽阔的舞台，复杂的舞台机械，我也似乎理解了李先生心目中理想的歌剧院应该是个什么样子。

回来后，李先生最终提出了一个结合佛教坛城和九宫格构思的设计方案，得到大家高度认可。这个方案的主要剧场安排，依然是李先生在20世纪80年代做可研方案时的那种样式，三个剧场一字排开，南北朝向。但是此时的这个新方案，增设了一个圆形的巨大围廊，围廊周边是巨大的水面，围廊、水面、剧场三者之间构建了复杂丰富的室内外空间，与周边的环境具有很好的契合关系。同时，方案本身也高度结合了东西方文化的一些内在的精华，无论在形式上还是在空间上，既有西方古典建筑的气息，又有东方建筑文化的韵味，反映了李先生的设计水平和学术功底。虽然最终很遗憾未能作为实施方案，但是，应该说，这个方案反映了李先生不断突破自己的追求，让人肃然起敬。

在那段呕心沥血的竞赛过程中，李先生几乎付出了全部身心，期间曾多次重病，甚至危及性命，但是什么都不能阻止李先生参加国家大剧院设计竞赛的决心。这让我认识到剧场在李先生生命中的重要性，以及一位学者深深的执着。

我个人的这些经历，其实仅仅是与李先生相处这么多年中的一些片段而已，李先生作为那一辈建筑师、学者的杰出代表，自然还拥有更丰富的精神内涵。希望我记述的这些片段，能折射出一些先生治学精神，大而言之，希望能反映出那一辈建筑学人为中国现代建筑发展所付出的艰辛及成就，让大家学习并发扬。

恩师李道增先生的学术教导

汪芳

有幸到李道增先生门下学习，是对我的人生影响最大的一件事情。虽然在校跟随在先生身边读书只有三年，但随后在北京大学工作，与清华大学相邻，因此得以继续方便地见到先生，聆听教诲。先生像本厚重丰富的大书，让学生从方方面面，从学识到修为不断汲取营养和能量。

李先生有几部非常重要的专著和文章，蕴含着深邃的学术思想，也包含着先生对学术道路和研究方向的选择。其中对我影响最大的，一本专著是《环境行为学概论》，两篇论文是《"新制宜主义"的建筑观》、《21世纪生态建筑与可持续发展》。而这种影响，也和李先生开阔的学术胸怀以及为我选择研究方向是相关的。众所周知，李先生最大的理论和实践成就体现在剧场理论和设计上在我进行博士论文选题时，按照之前的计划，李先生是安排我的一位师兄写剧场舞台，我写剧场观众厅。那时正值1999年的第20届国际建协大会通过了《北京宪章》，其中第一点就谈及正视生态环境、加强生态意识的看法。李先生在此之前已经敏锐地观察到生态概念对建筑规划领域的重要意义，并已经积累了相当丰富的资料。在经过深思熟虑后，李先生找我来谈博士论文选题时，他说，剧场研究是个非常复杂、有意思、有意义的工作，但建筑师一生也许得不到一次机会来设计一座剧场，而博士论文的选题将会影响到你未来的研究方向，建议你选择"可持续发展"作为方向。这番话，我始终记忆犹新。作为他的学生，当然知道李先生对剧场研究的深厚情结和不解情缘，而且也了解先生对剧院研究有着系统而严谨的计划，而现在，先生却站在对学生研究兴趣和未来研究方向的角度来考虑选题，这是非常博大的学术胸怀和高远的学术视野！

重新回到对我有着重要影响的著作与文章：《环境行为学概论》、《"新制宜主义"的建筑观》、《21世纪生态建筑与可持续发展》，主要是从以人为本、地域性、生态性等三方面进行吸收和领悟。

传统的建筑师的培养，多专注于空间、美学、技术等方面，而李先生作为建筑界较早将环境行为学研究引入设计学的学者，提出将空间设计与人的需求紧密结合起来。他研究了"环境"对行为影响的三种相互对立的观点；从微观、中观、宏观空间层次上，理解人的行为以及所涉及的个人空间、邻里单元、城市意象问题；深入分析现象环境、个人环境与文脉环境三方面的问题，同时介绍了环境行为研究方法之一"观察"的方法。这是对一直以来以工程为学科背景的建筑学的丰富，其中有技术的精准、美学的陶冶，还有人文的真切关怀。这样的设计才能够更好地为人服务。

李先生多次提到，越是民族的，就越是世界的。他倡导的"新制宜主义"，主张"因地、因事、因时制宜"，追求一种因地域、气候等自然条件与社会、民族、历史、文化之异而派生出的丰富多彩、带有地方特色的建筑风格。先生辩证地提出，客观条件对设计的制约，无论是物质环境还是社会、经济、文化、历史环境，从消极的方面看是限制，不能再用惯常、老一套的办法解决问题，从更积极的方面看，则是启发开动脑筋针对特定条件、特定情况，根据因地制宜、因事制宜的原则，去思考与客观条件相吻合、相适应的解决办法。这是一种对本民族的自信，强调以本土特色来开展研究和设计，以创新的思维看待学科的发展。

对于生态建筑的研究，李先生 10 多年前就曾提出，从宏观战略高度上看，生态建筑、生态示范区、生态城市既是解决建筑、城市可持续发展的需要，也是丰富、完善、更新、拓展传统建筑学学科内容的需要，具有旺盛的生命力，属于 21 世纪历史发展的必然。传统的建筑师的思维容易困窘于微观尺度的推敲与完善，而先生在多年的研究与实践中，将建筑思维纳入更宽泛的空间尺度中，如社区尺度、城市尺度。这种对空间尺度的拓展，也是建筑学科发展到一定阶段后，结合社会发展的热点，而对学科的丰富和发展。

李先生长于剧院，同时也眼界开阔地从学科发展和社会需求来把握建筑设计的发展之路。这是非常科学而执着的求索之路，其中的智慧需要深刻的领会。

以上一些浅显感想，仅是从学术研究的角度来谈的一些个人感受，其他很多方面，亦是让我感悟很深，如先生对生命的坚韧与宽厚，对传统文化的深刻理解，对晚辈的爱护与牵引，对他人的谦虚与尊重，与师母的伉俪情深、相互扶助，都是学生学习和领悟的无穷源泉。李先生对学术方向的敏锐、对学术研究的坚持、对学术创新的追求，会一直鼓励学生持续努力，走好人生道路。

李先生的言传与身教

邓巧明

我于 2003 年考入清华大学建筑学院师从李先生攻读硕士学位。虽然跟随李先生学习的时间并不长，但是李先生对于学术研究严谨不苟的态度、对于建筑创作的无限热爱与激情，以及睿智、豁达的人格魅力却一直深切地感染着我、激励着我。下面我就从跟随先生学习的点滴回忆中，谈谈自己的一些切身感受和体会。

观演建筑与环境行为学无疑是李先生最主要的两个研究方向，研究之深入、成果之丰厚，令学界瞩目。但李先生的学术视野又绝不局限于此，他对一切与建筑学理论相关的热点问题都很感兴趣，是一位视野广博的学者。同时李先生对待自己学生在研究兴趣点的选择上也是十分地包容和支持，完全是站在学生角度替学生着想。记得研究生论文开题的时候，我很想把在一年级时参加的"文化旅游名城曲阜：过去、现在和未来"中韩曲阜城市设计工作室的个人成果作为案例，研究探讨关于我国历史地段的保护与发展问题，而这个领域并不是李先生的主要研究专长，我一开始有些担心导师不一定会同意。但当我把这个想法告诉李先生时，没想到他非常包容地支持我，还耐心地给我讲解有关历史地段保护的各种理念和方法，他既反对大拆大建式的激进更新，也反对像对待博物馆里的古董一样的保护方式，他认为如何让历史建筑、历史环境在新时期焕发生机才是历史保护问题的重中之重，他还给我详细介绍了如纽约曼哈顿的 SOHO 区等一些成功的历史建筑保护案例，最后又从书架上找到一本刚刚出版的同济大学陆地博士的专著《建筑的生与死：历史性建筑再利用研究》，让我带回去认真阅读学习。在论文初稿完成后，本想先请李先生看一下论文的提纲和架构，因此对论文的内容就没有再进行仔细检查，第二天接到电话赶到李先生家，拿到了批改后的论文，我的内心却沉甸甸的，原本粗陋的论文初稿上李先生用铅笔工整地写满了修改意见，更让我汗颜的是论文中众多错漏的别字、标点符号李先生也都一一圈出，在旁边细心地修改过来。李先生平时从不对学生讲大道理，但这些细微的身教言传，却是对我们这些学生影响最为深切的生动教育。这之后我也暗暗告诫自己，以后拿出来的工作成果，无论是论文还是图纸，都要严肃认真地对待，因为这不仅代表了你的工作态度，更代表了一位建筑师、一位学者的基本素养。在论文最后的完成阶段，李先生知道我本科是学俄语的，英语基础较差，论文的英文摘要部分特意帮我逐字逐句地进行检查修正。有些部分写得太中文化，有些用词又过于书面化，在他的办公室里，李先生带我一起翻阅英语词典反复地修改，直到满意为止。现在每每想起，李先生当时与我讨论、修改论文的情形依然历历在目！从对学生论文选题的包容、肯定与支持，到论文写作过程中一丝不苟的指导与修改，李先生确实是我见过的对待学术研究最为严肃认真，对待学生又最为蔼然可亲的好老师！

2010年初，回到清华园参加了建筑学院筹办的庆祝李先生80大寿活动。我记得李先生那时特别开心，有这么多的学生从四面八方回母校来为老师庆祝生日，我想这是对一位老师多年辛勤耕耘的最大肯定。同时，这时也正逢李先生创作的新清华学堂设计施工最为关键的阶段。从新中国成立初期年仅二十多岁就中标当时的国家大剧院开始，似乎李先生就注定与其结下了不解的缘分，观演建筑更成为其后来倾注一生、呕心沥血的研究领域。近半个世纪后国家大剧院项目又重新启动，并组织了数轮国内、国际投标竞赛，虽然最后结果令人遗憾，但是李先生带领的清华设计团队每个阶段的成果都充分展现了先生在观演建筑领域几十年的深厚研究基础以及不断地自我突破和寻求创新的探索精神。这次的新清华学堂作为献给清华大学百年校庆的礼物，几年下来的艰苦工作更是倾注了先生的全部努力与心血，建成后博得各界好评。记得为李先生庆祝 80 大寿的第二天一早，我们还想在离开北京之前再去一次先生家跟老师、师母道别，没想到，80 高龄的李先生又一早骑着自行车去设计院，参加新清华学堂方案修改的讨论会去了。李先生就是这样，对自己、对工作从没有一时一刻的放松，而且比我们这些年轻人都更加有冲劲，他的这种发自内心的对建筑创作的无限热爱与执着，总能给他带来巨大的动力和能量，也一直深深地感染着我们这些后辈。

正是先生的这种忘我与坚定，使得他的生活变得特别的简单而又充实。没有对名与利的追逐，也没有对个人得失的计较，一辈子将自己的全部精力、才华与智慧都投入工作当中，取得了令常人难以企及的累累硕果。我想，李先生对我的影响不仅仅来自于先生多年来创作完成的那些高质量的建筑作品，以及潜心研究几十年出版的学术著作，更来自于先生对待理想、对待人生的那种心无旁骛而又坚韧不懈的态度，这份简单的执着使他的建筑人生充满力量！这也将使我终生受益。

记恩师李道增先生

范路（博士后、清华大学建筑学院讲师）

在李先生的学生中，我是个小字辈。我于 1996 年考入清华大学建筑学院，2000 年跟随李先生做毕业设计，2001 年本科毕业后又跟随李先生直接攻读博士研究生学位，2007 年博士毕业，2008 年毕业留校任教。回想起来，能成为李先生的学生，是我人生的幸事。

李先生是位视野宽广的大学者。2000 年，我本科五年级联系毕业设计和攻读研究生的导师，学院推荐我去拜访一下李先生，看看他是否愿意收我做学生。当时通过其他老师和学长，我了解到李先生是国内剧场建筑设计方面的权威，他出版了 150 万字的学术巨著《西方剧场史》，完成了天桥剧场、儿童艺术剧院，并从新中国成立初期就一直主持国家大剧院清华大学方案的设计。然而第一次拜访李先生，就让我领略了他在剧场研究之外的广博学识。记得那是在李先生南楼的家里，他刚从美国回来不久。在简要地了解了我的基本情况之后，李先生便开始向我介绍他对建筑发展趋向的看法。说着说着，他突然提到，你可以多了解一下 Greenspan 的见解，这对我们思考建筑很有帮助。听到这个陌生的名字，我有点懵了，想想好像没听说过有这样一个建筑师或理论家。见我一脸茫然，李先生哈哈笑道："格林斯潘是美联储的主席，他在经济领域观点对我很有启发。今后，你也要多了解其他学科的最新进展。"正是这一次谈话，让我了解了李先生宽广的学术视野，也让我看到了不应该就建筑论建筑，而要从更大的社会、经济、科技、文化等层面来着眼，这样才更容易看到问题和方向。

之后，有幸成为李先生的学生，对李先生全面了解社会发展的学术态度有了更多的认识。李先生家里订阅了各种各样的报纸、杂志，每天他都会抽出一定时间来学习这些材料，并且认真地做笔记。对于重要的文章，他还会把它们剪裁下来，分类粘贴到自己准备好的剪报本上。多年积累下来，李先生的书房里面，已经有一大堆这样的资料册。而每每在李先生家里讨论学术时，他常常会拿出剪报本上的文章让我们看，告诉我们最新的科技或社会发展对建筑问题有什么影响。后来有了计算机和网络，李先生的这项工作便更多在电脑上进行了，他不时还会通过邮件转发一些资料给大家。正是多年的深厚积累，让李先生不仅在观演建筑领域有着深入的研究，还对许多学术热点问题察觉敏锐，在国内环境行为学、建筑策划、可持续发展生态社区、全球化与地区性等方面有着开创性的研究和独到的见解。

李先生是一位胸怀开阔的教育家。他时刻不忘自己是建筑学教授的身份与职责，总是寻找各种机会锻炼和培养学生。2001年，我和赵正雄师兄、崔光海师兄以及李路珂共四人，协助李先生进行台州文化艺术中心的方案设计工作。在方案设计的一开始，李先生先为我们分析了任务书的要求和场地的基本情况，然后要求我们每个人按照自己的理解进行方案构思和分析。我们大家都是第一次接触观演建筑这一类型的设计工作，既很高兴能有这样的锻炼机会又很担心自己能否合格地完成设计。李先生似乎看出了我们的隐忧，他鼓励我们要有信心，要有闯劲，面对困难要敢于接受挑战。不久，我们拿出了自己设计构想图与模型。对我们的成果，李先生不仅亲自帮我们分析每个人总体设计和观演厅布置的优缺点，还邀请了胡绍学教授和官力维建筑师一起来讨论，给我们讲解。正是通过这次项目的前期设计探讨，我们都很快了解了观演建筑设计初步规律。大家都从内心深处感激李先生为我们创造的机会，为培养我们花费的苦心。2004年，我和戴林琳选择博士论文研究方向。李先生告诉我们，兴趣是最好的老师，选题一定要结合自己的学术兴趣。在李先生的鼓励下，我选择了自己感兴趣的有关文化传承的建筑理论研究，而戴林琳选择了巴塞罗那城市更新的题目。如今，我和戴林琳都已在高校工作，进行的研究工作依然是沿着当初做博士论文时选定的方向发展。

李先生还是一位温暖慈祥的长者，关心我们晚辈的生活和成长。跟随李先生读研究生时，我们常常会去李先生家里。他常常问到我们家里的情况，也常常会跟我们讲到他自己在美国的儿子与孙子。他经常说着我们学生的事又想到自己的儿孙，说到儿孙的事又会联想到身边学生，感觉在李先生心中，我们学生就像他的儿子孙子一样。毕业后，我遇到什么困惑依然会去请教李先生，而他也常常主动关心我的工作。记得有一次，李先生见我在工作上有些急躁情绪，他便开导我说，你研究建筑理论，也要积极参与设计实践，这样研究理论才能更有针对性，短时间内，两线作战进步会慢一些，但长远看来是更有益处的。听了这番建议，我豁然开朗。想想李先生正是以这样的方式坚持工作了一辈子。他最主要的剧场研究和观演建筑设计两条线相辅相成、互相促进，而他也成为继梁思成之后，国内为数不多的一个能结合理论研究与设计实践的建筑学者。

师门纪事之伉俪情深

戴林琳

1997 年伴着香港回归的庆祝声，我考入清华大学建筑学院。很幸运赶上学制改革，开始实行 4+2 直硕、4+5 直博的制度，并且在大三下学期就将确定是否保研，这也意味着将更早地跟随导师开展专业学习。刚入学两年多，对我来说建筑学到底是什么都还不是很清楚，对建筑学院的老师们都存着敬畏之心，在选择导师的时候很是茫然，当时想着最牛的就是院士了，先冲击一下试试。前一天晚上给刚入师门的范路打了电话问情况，记得他说李先生人很好。于是第二天我鼓起勇气带上自己的一大卷作业到了二楼办公室，先生跟我聊了半天，让我好好准备快题考试，全然没有院士的架子，给人感觉如沐春风。后来很幸运，顺利地进入师门开始直博生涯。从大四开始正式跟随先生学习，直到 2007 年初毕业，在七年多的时间中，先生指引了我的成长，并且在毕业后仍然一直关心着我的进步。在先生身上，我不仅学到了专业知识，更学到了严谨而勤勉的治学态度以及埋头学问、低调做人的人生哲学，此外先生和师母经历了半个多世纪的伉俪情深也让我羡慕不已。

先生作为李鸿章家族的嫡传后人，是大家子弟，同时又接受了新式教育，骨子里有着旧式文人的清高和内敛，又有新派学人的激情和浪漫。印象中最深刻的先生的作品，既不是几度波折的国家大剧院方案，也不是巍然伫立的新清华学堂，而是珍藏在蓝旗营先生家中的一幅肖像——先生亲手为师母绘制的素描，一尺见方，纸张泛着淡淡的黄晕，已经经历了几十年的时光。正如先生和师母携手这么多年的见证，从最开始的两情相悦，到相濡以沫的风雨人生。遥想当年，先生如何的风华正茂、才华横溢，身边相伴着如花美眷，度过那似水流年。先生书房的台版下、墙壁上，至今仍挂有夫妇二人周游世界的照片。先生的人生，因为有着满满的爱，所以不是踽踽独行的。也许这正是先生能够历经波折始终坚持的原因之一。

先生和师母相伴一生，有着童话般的开端，也有世俗的烟火，沉淀至今只有芬芳，让我等后辈欣羡。先生于师母，是支柱是良人，师母于先生，是后盾，也是相伴前行的伙伴。记忆中先生在2001年之后身体又陆续出现过多次危机。记忆犹新的是2011年底的那次，先生病危，在三院重症监护室，工程院和学校联合延请专家会诊，终于将先生从鬼门关里抢了回来。由于工作原因，先生的儿子们从海外飞来又飞走，其余的日子还是师母为伴。当时师母腰部骨折，医嘱须卧床休养，但是每次师母总是坐着轮椅去看先生。某次我和师母同行，见到ICU内的先生，插着氧气和各种仪器管子，意识还未很清楚，师母拉着先生的手，一遍一遍地呼喊先生的名字，先生睁开了眼，说了一句含糊不清的话，后来师母告诉我，那是先生像个孩子般的抱怨，"你不要我啦"，因为师母前一天没法出门来看他。先生这次的病情非常严重，大家都很担心，因为毕竟先生已经80多高龄了，脑溢血只能在药物的辅助下慢慢自行吸收，康复训练也非常重要。之后先生和师母在疗养中心度过了近一年的时间。2013年上半年，偶然在照澜院看到先生，起初没有认出来，因为先生是站着的，再也没有想到先生恢复得如此之好，我抓着先生的手，只记得说太好了太好了。只是当时师母经历了那么久的疗养，仍然需要坐在轮椅里才能陪先生散步，大抵是因为在骨折康复的最开始也是最重要的那段日子没有能够卧床。

先生执师母之手，在清华园里过了大半辈子，先生对师母是依赖的，所有的衣食起居住行都是师母一手打理，解决了后顾之忧的先生，可以专注于学术，当弦绷得太紧的时候，身边会响起一道声音，"李道增，该吃饭了，该吃药了，该休息了……"我第一次看到分时药盒就是在先生家中，许多种药物，不能弄错，于是师母准备了一个大大的药盒，将每顿要吃的药片分别装好。家中还配备了氧气瓶等设施，师母可以算作半个医护人员了。师母对先生的照顾很细致，有时候跟先生的个人愿望甚至有些冲突。先生是南方人，爱吃红烧肉，但是身体状况又不允许多吃，于是每次在饭店，师母总是提醒着。作为学生的我们往往支持先生，难得聚会，少吃点没事，但是先生却总是听师母的，即使意犹未尽也往往浅尝辄止。其实在先生经历病痛或是其他磨难的时候，我想最最心痛的只有师母，而先生也知道这一点。

谦谦君子，温润如玉，是先生在我心目中最深刻的印象。先生始终保持着谦和的本性，尽管曾经历了恁多的磨难和风雨。师母曾是叱咤单位的女强人，但也有着天下女子的共性之一，对自己的爱人会念叨。于是经常会看见师母在一边念叨着，先生通常是笑呵呵的看电视或是其他。这个场景从读博期间一直看到了现在，直到我结婚了才发现原来这是家庭生活的常见场景。只是师母是幸运的女子，遇上了包容的先生。不过也见先生发过脾气，与师母念叨的方式无关，与念叨的内容很相关。先生总是宠辱不惊，有时候碰到的事情在我们局外人看来都很愤愤，更别提陪伴先生左右的师母。师母抱不平的时候，先生总是不赞成，师母念叨的多了，先生就会愤而打断这个话题。这是我所见过先生发脾气的唯一原因。

很佩服先生和师母，两位耄耋之年的老人，在子女都不在身边的情况下，能够彼此照顾。他们对待子女的态度上也是一致的，宁愿子女高飞。每次听先生和师母提到两个儿子，言语和神态中满满的都是骄傲。先生家有一个特殊的礼品，美元形状的巧克力，经常师母拿出一袋，说这是儿子从美国寄回来的或是带回来的，先生每次也会品尝一下。每次我拿到巧克力的时候，特别是在我自己做了母亲之后，更钦佩先生和师母为子女的奉献和考量。可能是子女们不在身边的缘故，先生和师母把学生们当成了自己的孩子，对晚辈们也很是关心。先生家里的书架上有着很多照片，包括孙辈的，还包括师兄弟们的孩子的。每次去先生家，两位老人总是问起孩子怎么样，能感受到对我们的子女的关心和爱护。我曾问先生如何培养孩子，先生笑而不答，师母则把自己的育儿经验倾囊以授。大抵先生应是甚少关注家庭琐事的。

执子之手，与子偕老。这是先生和师母那一代人的爱情。

五年札记

彭相国（中国科学院大学博士后）

2007 年夏天，我参加了清华大学博士研究生入学考试。考试之后，我仍然住在清华东门外的旅馆里等待结果。这个过程对于大多数考生都是极为煎熬的，我也不例外，就在狭小的房间内来回踱步。手机响了，十分刺耳，期盼又恐惧，当然硬着头皮也要接。那边是李道增先生"秘书"的声音，之后又与李先生通话，"喂？是彭相国吗？祝贺你啊，你快题考了第一名。"我说："李院士，您同意收我吗？"又是"秘书"说，"你来我们家吧"。从我住的旅馆到蓝旗营小区只有一站地，走路 10 多分钟吧，我很快换上一身最拿得出手的短袖衬衫，虽然路途不远，我仍然打车过去。这倒不是因为我懒，而是初夏的北京已经比较热，我不想湿透半边衣服气喘吁吁地去见李先生。这也并非小题大做，李先生是院士，前系主任、院长等头衔，在我眼中就是神一般的存在，我相信对于大多初出茅庐的学生也是如此。之后，我就见到了神。同时发现打电话那个声音年轻、思维敏锐的秘书不仅是秘书，而是李先生的科研秘书、70 多高龄的夫人石青老师。

一、大讲堂

李先生热爱剧场、热爱设计剧场，并且擅长设计剧场。尤其是对我国的西方剧场史研究和现代剧场设计研究方面有着不可磨灭的

2004年国际竞赛中标方案

贡献。听说李先生在我这个年纪的时候，已经在周总理的指示下设计当时作为国庆十大工程之一的国家大剧院了。在那个以现在眼光看起来一无所有的年代，老一辈建筑学家出访并收集了很多苏联、东德等社会主义国家的建筑案例，成为我国剧场设计研究的先行者。记得听李先生说起过当时的一些插曲，在研究新中国的国家大剧院规模的时候，周总理提议要超越美国无线电城音乐厅，要建造超3000人的剧场。有些"权威"提议要建6000人剧场才先进。李先生向中央领导解释，美国无线电城音乐厅建造时的目的是上演默剧和无声电影，所以观众只要看得见即可，不用听得好，而这点与歌剧院是完全不同的。最终中央领导欣然接受建议。这种背景知识现在可能很多人知道，但在那个百废待兴的年代实在是难能可贵了。

刚成为李先生的弟子，能够参与清华大学百年会堂这样的项目无疑是非常幸运的。项目是2004年在有日本矶崎新事务所、北京市建筑设计研究院等单位参加的国际竞赛中胜出之后获得的。以后停建了，但从这个项目名称的变化，也能猜到其中的过程是曲折的。我参与之前是 2006 年卢向东老师和崔光海在做李先生的助手，当时已经做了几轮方案，

1. 困难的修改

初到李先生的办公室，就见到几个工作模型和厚厚的一摞效果图。我的工作就是在李先生的指导下对方案进行一些调整和深化。剧场建筑是一类公认比较复杂的建筑，不仅在于其诸多方面技术集成度高，单单就画图来说，也比其他类型公共建筑更复杂。在坐席部分跟体育建筑有点类似，属于平面、剖面联动的，一个变化，另一个也要跟着变化。而休息厅、马道与台塔、台仓等部分如果要衔接得当、功能和结构合理就更为有难度了。

于是第一件头疼的事发生了。那就是对李先生的设计进行修改或者调整是一件十分困难的事，因为他的每一根线、每一道墙、每个门窗都是深思熟虑过的。建筑的各个部分组合起来，貌似很正常的刚刚合适，就如同自然形成的一样。而改动每一根线、调整每一个标高都预示着重做整个方案一般困难。通常是出于某个目的需要调整几个座椅的摆放，然后整排座椅的标高变化了，再然后出入口标高变化了，跟着休息厅也变化了……一系列联动修改就这样发生了！

李先生是从来都无视这些困难的，因为他十分着迷于思考设计。经常是晚上回家之前要我打印一份带轴线网格的平、立、剖面图给他，他带回家也不休息，继续在图上勾画草图。轴线网格就是坐标纸的作用，以便草图更为精确。而每每将方案调整得更进一步，李先生都会洋溢出孩童般的笑容，像捡到宝贝一样又得意又满意。

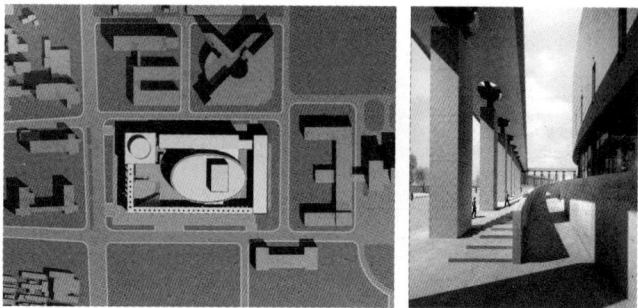

2007 年确定的实施方案

2. 建模靠大脑

在方案调整过程中，李先生经常坐在电脑旁看我操作，这样可以比较快速直观地提出我设计中的问题和不足，或者随时沟通各种构思。李先生当时毕竟是年逾八旬的老人，有些眼花是很正常的。他看书、看论文的时候是戴眼镜的，而看我画图的电脑屏幕却是不戴眼镜的，而且是确实看不太清。那就奇怪了，方案大轮廓看不清是没问题的，大家脑海里都会有印象，而剧场建筑多如牛毛的台阶和通道标高、错综复杂的空间关系，即使是一笔一笔画图的我离开图纸也常常忘记，李先生如何做到看不清尺寸和标高，还在指导我修改图纸呐？

答案在于建模型。建模我是会的，不同的是我的模型建在电脑里，李先生的模型建在自己大脑里。我遇到叫不准的尺寸，打开图纸量一下，李先生就更容易了，想一想就有数据了。

二、新学堂

2007 年秋天，清华大讲堂改名叫清华新学堂，简称新学堂。同时，学校相关主管部门依据学校的现实需求，通过广泛论证对一些功能进行调整，并确定了椭圆形为主体的实施方案。2008 年初，朱镕基批示：清华大学本来就有"清华学堂"，新建筑的名字还是不要把"清华学堂"几个字拆开，建议名称变为新清华学堂，简称新学堂。2008 年 4 月 27 日，在清华大学原校史馆北侧、六教南侧，李先生作为主持设计师出席了由张凤昌校长主持、四位捐款校友及贾春旺等老校友出席的新清华学堂奠基仪式。

1. "真、善、美"

近几年，我国很多省、市建设了规模宏大、设施完备的大剧院。其中一部分大剧院基于形式角度，采用一个统一屋盖笼罩三个或四个独立厅堂的手法，形成所谓"房中房"。对这种设计手法，李先生是比较反对的。李先生曾经多次跟我说起他访问肯尼迪艺术中心时，当时经营主管跟他抱怨关于建筑设计不合理的情况。肯尼迪艺术中心就是由于几个厅堂统一覆盖在一个屋盖下，导致更多没有必要的能源浪费：门厅空调开启时，相当于要对整个大空间加热或制冷，灯光也有类似的浪费。所以，在新学堂的设计过程中，李先生一直坚持真实空间形态的表达。例如剧场台塔往往是难于处理的一个体量突出部位，而李先生从不刻意遮盖、隐藏剧场台塔，而是直言不讳地显露出剧场的类型特征。对于交通空间、观众休息厅这类便于"造型"的空间，李先生也着力避免夸张而造成浪费，全部都是结合观众厅采用量体裁衣的设计方式。实际上，这正是李先生一直秉承的"真、善、美"设计理念的体现。

2. 拼命三郎

新学堂的方案继续修改和深化，因为是为了迎接 2011 年清华大学百年校庆的重点工程，学校各方领导和校友都十分重视，时间紧任务急，李先生则更急人之所急。每天早晨9点前李先生都会到办公室开始一天的工作，中午午休一会，晚上通常要工作到6：30。这种工作量对于一个八旬老人无疑是非常巨大的，这种认真做事的精神也在潜移默化地塑造着我。

2009年2月份的春节前后，正是方案变化十分巨大的阶段。李先生经常会迸发出很多新的思路，大多是十分先锋、前卫的想法。正月初四，李先生便带着汪静开始修改方案，而且李先生做起事来，从来都是十分投入，心无旁骛。这天晚上调整方案到很晚，石老师来了很多遍电话催促回家吃饭，李先生却充耳不闻。到21点，石老师忍不住亲自跑来办公室找，几人才离开办公室去吃晚饭。春节期间的北京是空空荡荡的，入夜更车少人稀，大多饭馆都关门了，几人好不容易找到一个面馆填饱肚子。这件事后来被李先生的弟子们知道，大家都十分关切李先生的健康。而在与崔光海师兄的交谈中，我才知晓李先生年轻时的绰号——拼命三郎。

三、清华大学百年会堂

新清华学堂最后用于命名歌剧院，而整体项目名称变更为清华大学百年会堂。清华大学百年会堂是包括新清华学堂（2011座剧院）、蒙民伟音乐厅（500座音乐厅）、清华大学校史馆三个功能建筑的综合体。从2007年到最终方案实施期间，出于用地条件、建筑功能以及外观的方案调整共38轮，单单效果图制作费用便高达30余万元。

幕墙定位方案 幕墙定位方案幕墙样板墙

1. 尺子、构件、工地

百年会堂的方案进入实施阶段，大量工程上细节的设计和选择接踵而至。李先生喜欢随身携带一个小卷尺，参观各个大剧院时，会亲自量坐席的尺寸、台阶的尺寸，再结合亲身的体验，对剧院作出各方面的评价。在百年会堂实施过程中，李先生跑了全国很多地方的厂家去选择材料，对于较为满意的构件产品则更为仔细，用手摸、用尺量还经常亲自收集材料或产品的各方面性能参数，来与厂商提供的资料相互验证，力图确保建筑质量。在施工过程中，更是全心全意地投入，几乎每天早晨李先生都会亲自去工地查看情况。而带领设计院和各专业技术团队考察现场也十分频繁，二十几米高的观众厅，一个上午便要上下几次。

时任清华建筑设计院总建筑师的季元振先生对这个项目一直保持着浓厚的热情，到实施阶段更是经常来李先生办公室交流各种想法。从奈尔维的案例到弗兰姆普敦的建构思想，每当有新的想法，两位老先生便会坐在一起欢快地清谈几个小时，设计上的一个个难点也随之攻破。新清华学堂的外墙方案是由多个规格的三角形拼接

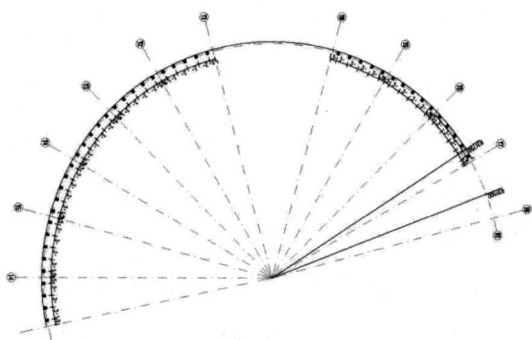

幕墙定位方案

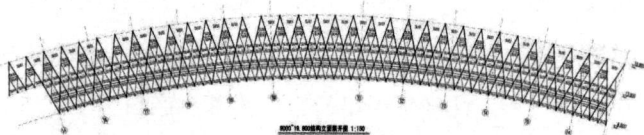

幕墙立面展开图

幕墙样板墙

而成的带有双曲面特征的陶板表皮，其节点的空间定位问题有一定挑战。对于当前国内建筑设计市场，这部分工作大多甩给幕墙厂商来做。李先生则不以为然，坚持幕墙的精细化设计是建筑师必须严谨对待的设计内容。最终幕墙形式的分割以观众休息厅的主体混凝土结构定位为构思依据。从观众厅半圆中心向外发散，每 3° 为一个定位点。整体上实现了严整的几何特征，同时为材料厂商预制和现场安装施工提供明确依据。

2. 参数化有办法

百年会堂实施的时候，李先生已年过八旬，但他从来不是个因循守旧的人，仍孜孜不倦地吸收着各方面的新技术、新想法，而且对有新想法的年轻人，更是倾心爱护、全力帮助。幕墙方案的构思过程中，时任清华建筑设计院五所结构工程师的常强配合李先生设计。常强擅长参数化设计，起初应用参数化理念是由幕墙方案的讨论开始的，逐渐地，李先生对参数化也产生了浓厚的兴趣，意识到参数化设计方法不仅在建筑形式上可以为建筑师提供更多自由，而且在建筑构思、气流、日照、人群行为、施工组织、运营管理等诸多阶段诸多方面有着巨大的作用。我能清晰地感受到李先生对新知识的谦虚、对新技术的严谨，还有对后生人才的爱护。在之后的一段时间里，李先生多次与常强交流参数化设计理念，鼓励他勇敢探索和发展参数化设计思维和实践。在李先生和庄惟敏院长的大力支持下，2012年底，常强在清华建筑设计研究院成立了运算化设计国际研究中心，形成了包括参数化的数字设计研究的新平台。

四、学术习惯

1. 剪报

2011年，清华大学百年会堂已经矗立起来了，我开始进入博士论文撰写阶段。李先生也很少接新的项目，每天到办公室里看看书、看看报。李先生读报纸的流程是比较"烦琐"的：先看报、再剪报，剪报之后还要批注、勾画重点，之后分类整理到一个一个的盒子里，整个过程一丝不苟。这其中有些精彩的文章，李先生批注后会让我拿去学习学习。我最开始是自作聪明的，觉得都什么时代了，剪报这事费时费力，便用手机拍下来，回去在网上搜索来看。但事实是回去搜索了，保存在电脑上，然后再也不会看，更谈不上脑海里有什么印象了。反思了一下，结论是装在电脑里容易，装在自己脑子里难。这之后开始诚恳地阅读李先生给的文章，读完再与李先生交流想法，受益自不必说了。

李先生读书也是同样的认真，当然其中没有剪书的环节，一本书读完，每一页都是满满的批注和标识。由于李先生喜欢用铅笔在书上勾画，有时候他借给我他亲手批注过的书看，看一会儿我的手上就黑了。类似的还有审阅学生论文，李先生也总是逐字逐句地阅读、逐字逐句地修改，甚至帮学生斟酌某个词的语气是否合适。如此细致，往往一本博士论文李先生需要看一两个月的时间。

2. 清谈

清谈是李先生十分喜欢的一件事，他经常提起当年梁先生家里诸位大家高谈阔论的情形，有时是很学术的，有时是海阔天空的，那时年轻的他受益匪浅。在我撰写论文期间，还是整天在李先生的办公室里写，那是一个套间，我们便各自在半间屋子里阅读和思考。如果我有什么想不通的，就到隔壁，等李先生一段思索结束后，就帮我指点指点。这时候的讨论多半是学术性的，或至少是围绕一个特定问题展开的。

另一种情况，我想更像是李先生心目中的清谈，则离不开季元振先生的参与了。季老师比李先生年龄小一些，虽然到了退休的年龄仍然被返聘做总建筑师。季元振先生可说是设计院的消防员，哪个所的项目遇到问题，都要请他去解难。同时季老师很擅长"骂"人，"骂"的时候颇具鲁迅的气质，长得也很像，短寸头倔强地立着，训话的时候有理、有力。如果有事找他根本不用打电话，站在设计院的吹拔听，听到他吼就找到了。

我不知道李先生是不是经常仰望星空，但在看待很多问题的时候，李先生是俯瞰大地的，属于上帝视角。参与清谈、倾听清谈、思考清谈，让我受益匪浅，一个主要方面在于开阔眼界。由于清谈没什么固定的主题，往往是大家最近看到什么新书、听到什么新鲜事就拿来说说。或者是愤慨批判，或者是拍手称赞。另一个主要好处是让我快捷吸取经验。李先生和季老师都是久经沙场的建筑师、都是渊博的学者，尤其是丰厚的人生阅历和精准的判断力都让所有清谈变得高屋建瓴。

五、传道与解惑

按照韩愈《师说》中的说法："师者，所以传道授业解惑也。"那么之前清华大学百年会堂设计过程可算授业。李先生教给我很多知识，这是重要的，还训练我许多方法，也是重要的。而李先生对我在思想、道德层面潜移默化的熏陶，则更为珍贵。

人们常常能够看到地摊上或者正经书店里在最显眼的位置经常摆放着齐人高的成功学书籍，各种各样，有主打速成的，大概泡碗方便面的功夫就能成为亿万富翁，也有直接骂速成的书，以凸显自己的疗效。不管怎样，经济在吹泡泡，人心也难免浮躁，这些书卖得十分好。其实是人心有了病，而这些书就是药，只不过是假药，虽然假药也可能有点疗效。在这样一个浮躁的年代，我作为年轻小子，也争先恐后地患了这个病，所以我也经常向李先生咨询人生之道，其实当时经常想的是速成之法。核心问题比如：您是如何成功的？类似衍生问题比如：您如何当的院士？您如何80高龄还都是黑头发？您如何精通剧院？等等。在世界观统一的小环境中，我纠结的归根结缔是一个人生观的问题。

1. 兴趣是最好的老师

这一过程中，李先生是不厌其烦的，经常说："兴趣是最好的老师"。这语言十分平实，类似的意思也有其他伟人表达过。比如爱因斯坦是这样说的："我认为，对一切来说，只有热爱才是最好的教师，它远远超过责任感。"孔圣人也有类似的感慨:"知之者不如好之者,好之者不如乐之者。"

我眼中李先生对剧场的兴趣是十分浓厚的。李先生正是凭着这兴趣在新中国刚成立时那个无比艰苦的年代,一笔一笔地画出了国家大剧院,解放军大剧院;正是凭着这兴趣远赴东欧考察当时西方最先进的剧场,正是凭着这兴趣潜心十年完成两本厚厚的《西方戏剧·剧场史》专著,正是凭着这兴趣一轮一轮参与现在的国家大剧院投标,正是凭着这兴趣修改数年完成清华大学百年会堂的设计。

很多人会羡慕李先生的成就,我也不例外。很多人会想做到其中一些事,我也不例外。很多人会想知道如何做到这些事,我更不例外。所以我问了问题。李先生回答了问题:"兴趣是最好的老师。"每次李先生说了这句话,我便欣欣然地点头称"是,知道了"。李先生则保持着慈祥的笑容看看我,好像在说"不,你不知道,至少你现在还不知道"。

2. 坚持

困难总是会存在的,只有坚持下去,才有可能成功。百年讲堂项目就遇到了很多困难,一轮又一轮的调整方案,一个又一个的技术困难。李先生带领我度过了疑惑与迷茫、忍耐了无知的批判、坚守了责任与理想。纸面上的线条最终落实为值得很多清华师生自豪的建筑。

五年,李先生让我做的事我做到了,李先生跟我讲的话我记下了,回首望见的,那是一条光明之路。不论遇到什么样的困难,我都会坚持走下去,绝不轻言放弃。

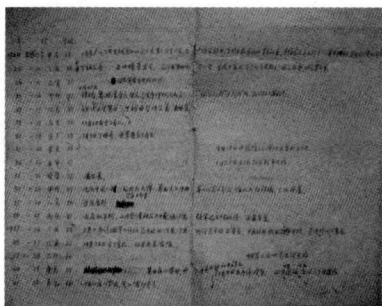
爸爸留下的手迹

小时候关于哥哥的一些印象

李道堉（高级工程师，原林业部苏州林业机械厂总工程师）

1. 上图是爸爸在"文化大革命"时期被打成"五类分子"后，为写历史交代材料时对自己一生重大事件所作的回顾记录，其中记载哥哥是生于 1929 年（农历己巳年 12 月 20 日）。比姐姐道基小一岁，比我大 9 岁。当时是和以祖父为首的整个大家庭同住在上海重庆南路靠近原跑马厅的李家老公馆。1934 年因祖父经营破产，父亲才趁分家之机脱离早已感到厌恶的封建式传统文化，搬到上海西郊临近农村的中央一村单独居住，那年哥哥就被送到幼儿园开始接受西式教育。1935 年又搬迁到香村。直到 1936 才在上海当时的法租界西爱咸斯路（现永嘉路）的和平邨八号租了一栋房子定居了下来。哥哥也开始就读于和平邨马路对面的中西女中附属第二小学。

2. 听姆妈说他 2～3 岁时要给他照相可费事呢！不像姐姐那么乖巧，能按大人的要求在镜头前摆各种姿势；一定要追着他后面抢

大约是哥哥 6 ~ 7 岁时的合影

拍，记得有一张照片记载的是哥哥穿了一件长袍和一件背心，皱着眉头，弯着身子朝镜头张望的样子。那次是爸爸早就在老宅花园里支好了相机，自己对着镜头往里看，骗他里面有只大老虎，还张大了嘴要咬人，他终于经不住诱惑，小心谨慎地慢慢走近相机也想看个究竟，待他进入镜头就"咔嚓"一下把他拍了下来。这张照片很精彩，给我印象很深，不知如今有没有保留下来？

还有一张照片也给我印象很深，我小时候一直挂在二楼卧室进门处的墙上。由于哥哥从小就喜欢飞机，所以有一次和家人的合影就特意戴了一顶飞机驾驶员的航空帽，感到非常神气。这张照片是从三姐（道昼）编写的"根深叶茂"回忆录中翻拍下来的。估计这时哥哥约 5 ~ 6 岁。不知能否找到原照？这张照片看，在照相时哥哥还是很配合的，到底这时已长大了，懂事多了。

在我一周岁时曾和爸爸、姆妈、姐姐和哥哥有过一次合影，也是从三姐（道昼）编写的"根深叶茂"回忆录中翻拍下来的。还有一张是姆妈和我们三人的合影，是根据我保留的原照翻拍的，稍微清楚一点。从衣服着装比较看，这两张照片似乎不是同一次到照相馆

10 岁时的哥哥

拍的，具体我就不清楚了。这时哥哥应该是 10 岁了。

这里所选的几张照片基本反映了小学年代哥哥的可爱形象，难怪在我上同一所小学时，尽管事隔好几年，可是当时教过哥哥的老师，看到我的名字后就问："李道增是不是你哥哥？"看来哥哥的名字在他们脑海里还记得很牢。特别是图书室戴眼镜，梳着中式发髻的阙先生看见我，老是笑眯眯地说："你哥哥长得圆头圆脑的，好可爱！脑子聪明功课好。"

3. 小时候特别愿意哥哥能带我玩，因为和他玩会感到特别有意思。记得大约在 3-4 岁时，原来负责从小一直照看我的吴妈，要回江苏常熟自己的老家了。听说此事后我又哭又闹不肯让她走。为此姆妈在吴妈临走的那天特地交代哥哥带我玩，引开我的注意力，避免我闹事。结果哥哥非常出色地完成了任务。记得那天他带领我和弄堂里的一帮"小八辣子"玩"官兵捉贼"游戏，我们在客厅里围着八仙桌互相追逐，又从前门出，后门进，屋里屋外到处疯跑，大声欢叫，开心得不得了。好像姆妈和老妈妈送吴妈到客厅大门时，吴妈手里拿了一个布包袱，特地转过身来和我道别，"毛头！我走啦。"

这时我只顾一门心思地玩，没有细想就一面疯跑一面说："好吧！你走吧。"不知吴妈当时听了是作何感受？一定会有点伤心！因为我们终究朝夕相处了近四年。事后睡午觉时得知吴妈真的不能再陪我了，又感觉好伤心，很想念吴妈，这时就想起没和吴妈好好说再见，很不应该。此事从小一直记在我心中。今天回忆这段情节主要是为说明哥哥对我的吸引力，一个12-13岁的大孩子要能带领一帮3-4岁的小孩玩也真够为难他的。

还记得哥哥教我玩橡皮筋弹子弹的游戏，那是把纸裁成小条，卷成像小炮仗一样的细圆棍后，再将圆棍弯成钩子，架在左手拇指和食指间的橡皮筋上，右手拿住子弹拉动橡筋进行弹射。最初是用报纸画成靶标，比谁能打中标心；后又改打桌上的玩具木偶；慢慢发展到双方桌子板凳构筑防御工事，进行对射；最后是我们小孩追打哥哥一人，他边逃边转身发射子弹回击我们，他爬楼梯往二楼逃，然后居高临下打我们，我在上楼过程早已吃了好几个子弹，开始有点气急败坏，想一定要击中他一下报心中之怨，爬到二楼只见卧室门没完全关闭，还留一条缝，就直冲了过去，没料他正躲在门旁，待我一开门就对我开了一枪，正打在我的脑门上，确实比较疼，但更主要的是吃败仗的怨气促使我大声"哇哇"地哭了起来，惊动了姆妈，过来把哥哥大骂了一场。背着姆妈哥哥对我做鬼脸，骂我"砰哭精"，还说以后不和我玩了。这可是对我最厉害的撒手锏，只能求饶，说以后不哭了。

在我稍大一些的时候，哥哥又教我自己做"坦克"玩。材料是缝衣线的木质带孔轴芯、一小段带孔的蜡烛、毛笔的竹制笔帽和橡皮筋；橡筋的一头套在笔帽上，另一端穿过起阻尼作用的蜡烛圈和线轴的孔，固定在线轴的另一端，握住线轴，转动笔帽使橡筋加载，然后把这"坦克"放到桌面上，它就能自动前进。我们有时是比谁的"坦克"跑得远；有时是两个"坦克"进行顶牛比赛，看谁的有劲；后来又在线轴两侧的轮缘上刻上齿，"坦克"就具备了翻越障碍的能力，甚至可爬书本构成的楼梯。

还有一项游戏是我记忆特别深刻的是哥哥常用他的那辆 24 英寸男式小自行车带我出去兜风，这辆车是他初中时每天上南洋模范中学时骑的车，后来也是他教我学骑车时用过的车。兜风时他把我们的车比作一架飞机，我横坐在前杠上当机枪射手和投弹手，他是机长兼驾驶员。一面骑一面发出飞机发动机的低沉轰鸣声，使我感到正在高空飞行，突然他命令我，"前方发现敌机，立即射击！"我就遵命"哒！哒！哒！"地开枪，"报告，敌机被击落！"当看到前方路上的下水道井盖时，就发出指令"前方是敌人的司令部，准备投弹！"在自行车压到窨井盖时，我就发出"轰"的一声，并报告"命中目标！"这种带有一定神秘色彩和想象力的游戏特别吸引我。后来我也如法炮制带我的女儿和外孙们玩过，不过似乎对女孩的吸引力不太大，也可能时代变了，现在的孩子有更先进、更吸引人的游戏可玩。

他还在家里的客厅里用吃饭的活动方桌面与八仙桌拼成一个乒乓球台，教我打乒乓球。总之他的道道特别多。年纪老了回忆起孩提时期哥哥带领我玩游戏的趣事还是给人非常美好的感觉。

4."龙头虎尾"这张照片摄于 1946 年元月，是三姐从四伯伯的遗物中找到的，我也是从三姐的《根深叶茂》一书中翻拍下来的。照片中左侧为首的是四伯伯（家炜，属龙），其次是爸爸（家炯），第三是六爷（家骅，是我们祖父弟弟的儿子），再后面依次是二哥道均（四伯伯的大儿子），姐姐道基，哥哥道增、道豫（六爷的大儿子）、道丰（道豫的弟弟），最后是我道堷（属虎）。根据属相排队，故被题名为"龙头虎尾"。这张照片中哥哥正就读于上海中学高二年级。高中年代的哥哥留给我最深的印象就是他画了很多美国的战斗机和轰炸机，因为那时抗战胜利不久，使他获得了许多有关美军的画报，他就照样把各种型号的美式飞机依照一定比例，用铅笔画在一张 A3 大小带蓝色格子的坐标纸上，印象中比较深的有 P40、P51（野马式）、P38（双机身闪电式）、P61（黑寡妇式）等战斗机；有 B17、B24、B25、B29（空中堡垒式）等轰炸机，还有 C40 运输机。好像还有英国的蚊式战斗机。一张纸上布得满满的，都是各种型号的飞机。这幅画开始是只让我看，不许我摸，可能是怕把铅笔画的线条给弄模糊了。后来他上大学时就送给了我，成为我在小学时向同学炫耀的资本，他们也都很羡慕我有这张画。在哥哥 1947 年高中毕业时，他们班编的同学毕业纪念册中有同学在他照片旁边写了一首打油诗，记得其中就有一句"飞机坦克善素描"的词句，说明这个绘画能力在同班同学中也是非常得到肯定的。

好像也是在高中时期他曾做了一架橡筋动力的螺旋桨式飞机模型。那时自己做飞机模型可不像现在那么简单，如今机身和翅膀都是用泡沫塑料压注成形的，买回家只需拼装一下，贴上装饰标志就可以了。那时机身和翅膀的肋片都要自己按图先在薄的桐木片上画好，然后逐一用刀雕刻下来，再用木条和竹丝把各种肋片连接成机身和翅膀，需要细心和耐心，还有手上的刀功。印象中这架飞机模型花了他许多时间。他当时的工作区就在二楼卧室靠阳台的北窗前，写字台上堆满了模型材料、胶水、图纸和做好的零部件。对我来讲

龙头虎尾（摄于 1946 年元月）

那个地方是一个禁区，也不让其他人在他不在时帮他清理和打扫，唯恐丢失小零件。终于有一天拼装完的骨架被糊上蒙皮纸，并经美化和画上标志后，让我们大家看到了一架非常精美的飞机模型，我赞叹不已。可惜他试飞时没有带我同行，是和他的同学骑车出去放飞的。喜欢做航空模型是他给我树立了榜样，我中学时也非常热衷于做各种飞机模型，不过复杂程度要比他差一级，多半是弹射式和牵引式滑翔机。

5. 哥哥在著名的上海中学上高中时是一名品学兼优的好学生，除了每学期拿回的成绩报告单给爸爸看了以后，都会点头说"不错"外；在我1950年进入中学上初一时，有一天一向板着脸让学生望而生畏的教导主任陆福遐先生突然笑眯眯地把我叫住，问我："李道增和你有关系吗？"我当时十分诧异他怎么认识我哥哥，因为这是两所学校呀！"你哥哥我教过他，非常聪明，在学校时许多功课都是第一名。"他后来又问哥哥在哪上大学，我告诉是清华，他直点头说"不错！不错！"可见哥哥在他老师心目中的地位，尽管哥哥毕业有3～4年，他们还都记得哥哥这个好学生。

哥哥接受进步思想的影响大概也是从上海中学开始的。有一次周末回家见他躺在二楼卧室北窗边的单人床上津津有味地读一本厚厚的书，我好奇地凑过去想看是什么书，这时他却警觉地转过身去不让我看。这更激发了我的好奇心，趁他不注意时偷偷地摸过去，终于看清了书的名字是《钢铁是怎样炼成的》。我为我侦察成功而高兴地大叫"我知道你看的是什么书了！"这时哥哥突然很严肃地对我说："不许告诉别人我看的是什么书！"对此我很不理解，心想一本讲炼钢的书有什么可保密的呀！在我上中学时才了解其中的道理，原来这是一本苏联小说，讲的是一位青年参加革命反对俄国沙皇统治的故事，这在新中国成立前是被国民党政府认定为"禁书"，不准在社会上流传的书。后来哥哥好像又从学校带回一些传单类的小册子，被爸爸发现了，也曾警告过他注意别惹麻烦。等我上清华后，发现我们当时机械系的党支部书记王振寰就是哥哥在上海中学时的同班同学，哥哥告诉我，"王在新中国成立前就是共产党的地下党员了"。表明哥哥确实在高中时期就开始接受了革命思想的熏陶。

6. 1947年哥哥高中毕业，他报考了清华大学，那时大学录取通知单不是像如今通过邮局寄到每个人的家里，而是全部刊登在报纸上。那天哥哥一直在客厅里透过窗户看着弄堂里的动静，焦急地等待邮递员送报纸来，拿到报纸后就迫不及待地趴在桌上从密密麻麻的名单中找自己的名字，姆妈、老妈妈和我都静静地等在周围，好像老妈妈还在低声不断地念"菩萨保佑！"，很快哥哥就高兴地叫起来"我考取啦！"顿时全家都高兴得不得了。那时上海到北京是不通铁路的，要乘轮船到天津，再转乘火车去北京，记得哥哥的行装是一个铺盖卷和一个棕色的柳条箱，这个箱子好像我以后上大学也曾用过。后来听哥哥介绍说乘轮船要经过一段风浪特大的海面，大多数第一次乘船的人都会晕船，吐得很厉害，他也一样。到了清华，哥哥来信不多，姆妈老骂他的信比金子贵，一般都是在燕京大学读书的姐姐来信报告他的情况。据说清华的伙食很差，姐姐隔几个星期就来清华看望哥哥，并带她出去下饭馆，让他打打牙祭，这才使姆妈放心一点。

1948年冬天解放战争的平津战役即将开始，爸爸和姆妈怕有危险就让哥哥暂时休学回上海躲避一下，趁休学之际，哥哥就在上海开始学习绘画。好像每天下午都见他夹住一本画册到一个画家的家里去上课，最初回来见他一直在练习铅笔素描的基本功，就是在一张铅画纸上由疏到密、由细到粗地画直线，一会竖着画，一会又横着画；慢慢又进步到画长方体和锥体；后来又买了一个石膏头像回家比照着画。看他画画时总是聚精会神，特别认真。此后又学碳笔画、水彩画和油画；有时在家把水果、花瓶放在茶几上画静物写生；有时出外坐在马路边或公园里画风景画。在记忆中有一张是在衡山路（过去称贝当路）上，画的是远处在夕阳下的徐家汇双尖塔顶的教堂，非常的美。还有在襄阳公园里画东正教的圆顶教堂，也很好。反正画了好多，还常和爸爸一起讨论画画的艺术。后来爸爸挑选了一些哥哥和自己画的画挂在三楼的小房间墙上，还曾和姆妈一起在画前留了一张影，只是其中哪几张是哥哥画的我就分不清了。另外我们家二楼卧室的北墙上曾有一幅我们祖母的油画像，似乎是爸爸和哥哥两人共同的作品。可惜这些画在一场浩劫的"文化大革命"中全被"扫四旧"了。不过他的绘画爱好却始终没能像做飞机模型那样影响和吸引我，我依然热衷于关注在弄堂里的流动小贩替人修锁、补锅、修棕棚等手艺活，所以我至今绘画能力一塌糊涂，教小外孙都困难。

　　从北京休学回来后的哥哥还有一个明显的变化就是其政治倾向更加拥护共产党了。记得在上海临新中国成立前的春节，我们全家到四伯伯家玩，四伯伯的家当时在上海长乐路（原浦石路）的"沪江别墅"，靠近"东湖（原杜美）"电影院，名字上标榜的是别墅，其实也是一栋栋联体的弄堂房子。我和三姐、四姐在天井里玩放爆竹，大人们则在一楼书房里聊天；好像是四姐不知什么事进屋了一次，出来时很神秘地悄悄和三姐说："好大（这是她们对我们爸爸的称呼）、三哥

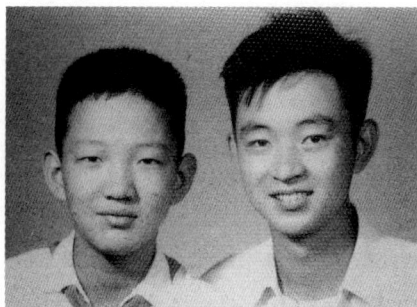

和四哥都在骂国民党腐败！"这句话也被我听到了，而且印象深刻。从四伯伯家回家的三轮车上姆妈和爸爸说："你们几个的话让四哥（指四伯伯）好不自在，脸都变色了。"这也从另一侧面证实了四姐的话。

还有就是在 1949 年春天快新中国成立前，一到晚上二哥和哥哥他们几个年轻人就在客厅关紧门窗，拉上窗帘，围住那台 PHILCO（飞乐）牌小收音机，以很低的音量偷偷地收听共产党短波电台播报的新闻。为了保密我是不被允许参加的，可是他们越神秘就越引起我的好奇心，有时就悄悄地从楼梯上溜下，通过客厅通楼梯间的门缝观察他们的行动，只见他们有时会象征性地拍手，并相互默默点头示意露出高兴的笑容，表明他们又听到了好消息和盼望早日解放的心情。

上海刚解放不久，得知津浦铁路已被解放军修复通车，哥哥就迫不及待地回北京上学去了，不久来信说他已光荣地参加了中国新民主主义青年团，并荣幸地参加了新中国的开国大典，当时清华参加游行的学生每人都拿出一件白衬衫，全都染成红色，以表示拥护革命，拥护共产党的热血心情。他的这种政治热情确实给了我很大影响，也积极要求进步，小学时由于是在教会学校，没有少先队组织，直到上了位育中学才参加了组织，戴上了红领巾，1951年哥哥放暑假回来后，对此十分高兴，我们俩特意为此照了一张合影。

7.我一直以为哥哥上清华一开始就是读得建筑系，不了解他最初是读的物理系，休学后回清华才转到建筑系的。记得1951年暑期回家他带回了一份他的设计作品，设计的是一栋休闲别墅，式样很洋派，别墅坐落在风景优美的野外，依山傍水，树木成荫。平顶的屋面，有一个宽敞的阳台，下面就是潺潺流水的小溪，墙面和地面都使用瓷砖铺设，有点像我家对面的思茅新村，想象住进去一定会感到很舒服。爸爸和姆妈都说好。可是当我发现老师给他批的分数好像就是77分时，就产生了另样的感觉，怀疑老师和他作对，故意压低分数，就问他："为什么分数给的这么低？"他笑呵呵地说："你以为是在你们中学呀！分数那么好得的呀？这是在清华！老师要求可高了，能得这个分数就算是好的了。"我这才知道大学和中学要求的不一样。

1957年初哥哥和黄报青两人合作参加杭州华侨饭店的设计竞赛，他们俩在普吉院哥哥家埋头搞方案，没白天没黑夜地苦干，家里到处是图纸，两块A0大小的图板把整个屋子搞得十分拥挤，他们吃饭也稀里糊涂地凑合。这时学校"大鸣大"放已经开始，我每次回哥哥家看到他俩似乎对外面的情况一概不知，还是靠我给他们介绍了一点学校贴大字报的情况，听了他俩只是笑笑，仍继续画他们的图。直到反右开始，他俩才被叫回系里参加"反右"学习。这次他俩的作品获得了一等奖，并被建设单位采纳。1973年姐姐从美国回来，全家去杭州旅游就住进了他设计的华侨饭店。

1956年我考上清华后我们兄弟俩
在颐和园合影

8.在哥哥年轻时姆妈老说他不出趟，是书呆子，有时还用湖南话说他"朽头"，意思是不善于和外面打交道，怕他大了连老婆也找不到。为此姆妈就请三舅舅替哥哥算算命，问他的婚姻前景如何？三舅舅按姆妈给的生辰八字掐算了一会，笑眯眯地要姆妈放心，说哥哥不但能娶到老婆，而且还能娶到一位"帮夫命"的老婆。看来是被他言中了。不过三舅舅又补充了一句说哥哥的老婆是带深度近视眼镜的，也是好读书的书呆子，这就大错特错了。

其实在我的感觉中，哥哥还是很活跃的。抗战胜利后姐姐曾在家举办一个交谊舞会，特意在客厅的木地板上撒了滑石粉。在客人没到前，我看哥哥和二哥就在姐姐的教授下学起了跳舞。听说他在大学时跳舞跳得特棒，大概就是基础打得早的缘故。跳舞的本事对他找对象据说起了不小作用。我可是至今还不会跳交谊舞，在大学时虽在学生会文娱组工作，筹备过许多次舞会，主要是为他人布置和装饰舞会场地的后勤工作，自己却一次也没有在舞会上跳过舞。幸好王静仪也不喜好跳舞，她是个家迷，一到周末就要骑车回家。

好像是在1955年春季家里收到了哥哥的一封来信，拆信时掉出来一张青嫂的小照片，姆妈得知哥哥已找到了对象，高兴极了，和老妈妈一起来来回回地端详照片中的未来媳妇。晚上爸爸下班回家也高兴得不得了。为此还从哥哥小时候的照片中挑选了一张他赤身光屁股的照片，还特别给照片填了颜色，说是等哥哥结婚时送给他们开开玩笑。不知这张照片还在吗？

读《李道增选集》有感

石崇（教授，原青岛大学哲学系主任）

道增并青姐：

你们好！大师的大作（《李道增选集》）收悉，拜读之后觉得颇有品位，受益匪浅。

有句话"见其文如见其人"，使我不禁回想起50多年前的往事。那时道增在我印象中烙印最深的是"干的是通宵达旦，吃的是酱油泡饭"（指青姐不在家时自做的便餐），"专心致志搞建筑，不屑人情与世故"，总之是位现实生活中可以见着的又红又专和蔼可亲的标杆人物。

几十年过去了，当我和郭力翻起"选集"咀嚼其中流畅隽秀的文句，浏览着美不胜收的图片之后，发自内心的感受和感悟真是不少。

一、感受

敬师精神。纪念梁公的文章使我们体会到道增的入门师诲和他对恩师的感怀。该文从题目到文句都很精彩，如果不是怀着深情大爱和具有相当的文字功底是写不出来的。好文章既使自己激动又让读者感动。宗师那段精闻的经验之谈："建筑师的知识领域要很广，要有哲学家的头脑、社会学家的眼光、工程师的精确与实践、心理学家的敏感、文学家的洞察力……但是本质的他应当是一位有文化修养的艺术家。"当是其大弟子、得益门生道增终身从业的座右铭和在实践中的行动信条。

重教精神。这里所说的重教是注重教学，热心培养学生。在这方面，道增与本系、本学院其他博导、硕导相比是做得最为突出的。如果翻开他的经历，就可发现有那么一段时间忙于教学，付出了绝大部分精力，而疏于科研，因此推迟了几年申报院士。从这个侧面看，他对教书育人是极端地负责任，对学生的成长极端地热忱。他本人对此无怨无悔，我们对他更无可厚非。

忘我精神。如果追根问底的话，他特别注重教学的内因正是忘我的风险精神所致。因为众所周知，知识界流行着"教学是付出，科研是收入"，一个划不来，一个名利双收。而道增选择了付出，这是一种难能可贵的高尚的精神境界的表现。

拼搏精神。废寝忘食，拼搏工作，不论白天黑夜，不管有病没病，那股"豁出来"的干劲，乃是作者大半生最闪光的亮点。这个优点发挥到极致，也可以走向反面。长期以来，他不在乎自己的身体健康，以致积劳成疾，大病缠身。昏厥急救仅三、四天，刚刚苏醒即投入紧张工作，结果留下了终身性后遗症，这多么让人痛心和惋惜啊！教训啊，教训。

博学精神。道增遵循恩师教导，不断地从多方面拓展自己的知识领域，他手不释卷，广泛涉猎中外合作，除建筑学专业，对历史、艺术、美学、哲学、自然科学新成果都有浓厚兴趣。"兴趣"在他看来诚然"是最好的老师"（这句话似乎是在青岛我家翻阅《中外名人格言》一书时受到的启示）。他尤其重视国学、美学、系统科学、控制论、信息论、生态学……这或许是他才思涌动下笔速成的来源之一。他不仅牢记"读万卷书"的教诲，而且也在努力实践"行万里路"的古训。几十年来他到过许多中外名城、古迹、圣地、旅游景点、代表性的农村农舍等考察调研，从中摄取创作力量。在青岛我亲眼见他背着相机到处取材，反复拍照，观察城市风貌和建设的一些细节。

求精精神。做学问来不得半点马虎浮躁，必须精益求精，甚至不断地否定自己。道增的许多建筑设计方案就是经过一遍又一遍地修改，不厌其烦、不计其数听取各方面的意见，才完善起来的。在历次建筑设计竞赛中，他的团队屡屡中标得奖绝非偶然，而真个是拿出精品呈现给众人。没有一丝不苟、精益求精的精神，焉能有精品盛出的结果。

创造精神。请允许我用"创造"而没有"用创新"一词。因为在我看来，创造本身即包含了新奇特佳的含义。爱因斯坦说过"综合就是创造"。在道增的建筑理念和建筑设计里，综合的色彩与底蕴是很浓很深的。他将古今中外、东西南北的许多有价值、有特色的建筑资料统统收集起来，如数家珍般取用，结合本土本地诸多方面的因素构思设计出自己独特的"似与不似"，"使人眼睛一亮"的作品。无论是新清华学堂，还是国家大剧院（尤其是第 5 套竞赛作品）、北京天桥剧场，等等，莫不是博采众长综合创造的产物。从我这个门外汉角度观察感受到的是：方而有圆，和而不同，新而含古，静而有灵，实而不僵，美而不媚，异而不怪。总之，悠哉！悠哉！

二、感悟

从大作所蕴含的建筑理念中我悟出建筑学与哲学、思维科学不无关联。我对哲学的理解其特点有3条：（1）思考学。用黑格尔的话是反思，即对思考的思考。（2）智慧学。智慧不同于知识，它是获取知识的方法与门道。（3）概括学。如一般与个别，抽象与具体，综合与分析，同与异，表与里，此与彼，等等。"思考出智慧"（毛泽东），智慧凭概括即从个别到一般，从具体到抽象，从分析到综合，由异到同，由表及里，由此及彼，循环往复地进行。我以为在道增的建筑理念中涉及的哲理有很多，现仅就三个方面的关系谈点看法：

1. 全球化与本土化的关系

文化（含建筑）与经济、科技、信息等是有区别的，全球化不能一体化（全球化的实质是一体化），本土化应单列。我持同见。在文化产品中，民族的也是世界的，只有民族特色的东西才有立于世界之林的资格。否则跟着洋人跪，千城一面，高大豪华，比谁摩天，唯我高档，有什么艺术品位，有什么实用价值。脱离了民族的根（基本国情五千年文明史，发展中国家，社会主义初级阶段），枝叶再花哨，还不是缺乏生机与活力的东西。所以全球化与本土化应是共生、结合的关系，而不是吞含（吃掉）关系，丢失一方是片面的。

2. 主流与新潮的关系

在文化交流中，本国的主流文化理应坚守与发展，对于世界性新潮则不要不加分析，一概肯定或否定。除社会基本制度（大政治）我行我素外，其他方面也有先进与腐朽、超前与落后之分。接受前者，拒绝后者才是正确选择。

对于建筑领域的新潮（国内外）亦应放到先进（符合经济社会发展、人的全面发展的趋势）、科学、大众化的天平上衡量。真正的艺术品包括建筑在内必然是进步的、科学的，顺应社会需要而又美化自然的，必然是或归根到底是为大众所接受的。但这里指的大众主要是本土的、民族的。发达国家、地区与发展中国家、地区的大众有所不同。以"新奇特"来说，国情不同，大众生活水平、欣赏水平、承受能力不同，适合人家的未必都适合自己。由是，引进还要改进，不是简单地拿来就用，照搬照抄。新潮的东西应有分别地注入主流中来，中西合璧，洋为中用。重复地说，引进还要改进，才能先进。作为文化流，主流与新潮的关系是融合关系，而不是混合成四不像的怪胎。我们的主流文化——民族的、科学的、大众的，第一是民族的，什么时候都不可以忘记。梁思成先生的那种"开拓者的民族骨气"，永远是建筑学界宝贵的精神遗产。

3. 宜居是世人最为关注的话题，环保是关乎世人健康乃至生命的最大难题，只有把两者关系处理好，才能保持和维护生态平衡，造福人类。

生态是新世界最时尚和最严肃的课题。一百多年前的恩格斯最早点破了这个题。这是马克思主义的一大功绩。遗憾的是，在工业化、现代化、城市化的进程中人们早已把它忘到脑后，只是在屡屡遭到大自然的惩罚后，才逐渐意识到再也不能在大自然面前充当什么气势汹汹的征服者了。安居乐业曾是人们长期以来梦寐以求的小康理想，然而伴随着大工业的发展，大城市的频频出现，土地、森林、水源、动植物品种和数量的锐减，大气污染的加剧，有毒化工产品的泛滥，自然灾害的频频降临，处在生态圈内、居住在地球中的人们的生活住所、活动场所、交往渠道是否安全、舒畅、适宜，这个直接关乎人们健康与寿命的问题，尖锐而紧迫地摆在面前。

但是，那些急功近利、只顾眼前、贪图"政绩"的实用主义信徒们却利用手中权力，在城市建设、城市规划中把宜居和环保对立起来，置生态平衡于度外，叫卖和推行"经营城市"、"楼宇经济"那一套，致使环境污染加剧，生态秩序、绿色资源遭到严重破坏，原有的自然景色美也被搞得不伦不类、面目全非，甚至让一些人终日罕见阳光，憋闷得喘不过气来。

幸而我国领导层近年来已觉察到与自然和谐、维护生态良好的重要性，制订了可持续发展的战略，发出了一系列号召，采取了诸多可行措施并初见成效。学术界一些有识之士奔走呼号企求早日扭转这种危险局面，本书作者即是其中一例。他在1998年发表的《新制宜主义》一文中已把"八项生物控制论"原则与可持续发展联系起来。尤其是在《重视生态原则在规划中的运用》的学术报告中更具体深入地探讨了这个重大课题。我读后非常兴奋，从征服自然到"善待自然"，多么深刻啊，其资料之翔实，论点之有据，都是可圈可点的。环保局科学院的材料固然是基础（环保局的"内线"也起作用吧），但是综合运用加工提升也是一种带哲学气息的概括功夫。在我看来，如果照此办理城乡建设规划与工程建设，对于实现人们的"宜居"理想和"生态良好"愿望是大有裨益的。

宜居与生态是如此之不可分割，两者的关系乃是亲和包含的关系。宜居包含生态良好，人与自然和谐应是当代建筑学、建筑工程设计与实践、城市农村规划、城市农村建设的题中应有之义。

末了，我还想谈点不是多余的心里话，还望道增和青姐继续看下去，如有异议亦请示知。

人们常说："一个成功男人的背后站着一个杰出的女人"，"军工章里有你的一半也有她的一半。"联系实际生活，成功者的背后一般得有人承担以下角色：

1）生活帮手，即照料生活起居、寝食、出行、医疗、保健等后勤服务事项；

2）精神鼓手、即排忧解难、鼓舞士气，调节生活情调等怡情事宜；

3）专业助手，即参与构思、协作，搜索查询整理资料、润色文字、校对把关等科普事宜。

上述三个角色中，前两个不乏其人，唯第三个则不多见，非得是作者的同行、学友或相近相关互补专业的人才并具有相当的写作水平不可。我们推想作为学过建筑专业又是环保业高工还有文学修养的青姐乃是三者兼而有之的最佳实践者。是她把他看作比自己更重要而甘愿"衣带渐宽终不悔，为伊消得人憔悴"。

我们热切地期望：最亲的亲人，你们永远和谐相处，欢乐相伴，让"鸾凤和鸣""白头偕老"伴随你们终生吧！